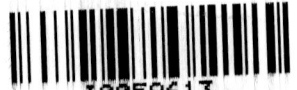

Nadia Cerasela ANIȚEI
Roxana Elena LAZĂR

Instituții financiare europene

Iași
2013

INSTUȚII FINANCIARE EUROPENE
Nadia Cerasela ANIȚEI
Roxana Elena LAZĂR

Copyright Editura Lumen, 2013
Iași, Țepeș Vodă, nr.2

Editura Lumen este acreditată CNCS

edituralumen@gmail.com
prlumen@gmail.com

www.edituralumen.ro
www.librariavirtuala.com

Redactor: Roxana Demetra STRATULAT
Design copertă: Roxana Demetra STRATULAT

Colecția "JURIDICA" a fost fondată de Nadia-Cerasela ANIȚEI

Descrierea CIP a Bibliotecii Naționale a României
ANIȚEI, NADIA CERASELA
     Instituțiile financiare europene / Nadia Cerasela Aniței, Roxana Elena Lazăr. - Iași : Lumen, 2013
     ISBN 978-973-166-355-5

        I. Lazăr, Roxana Elena

336.71(4)
339.732(4)

Nadia Cerasela ANIȚEI
Roxana Elena LAZĂR

Instituții financiare europene

Iași
2013

Motto:

<< *Cel ce vrea să dea sfaturi în probleme financiare trebuie să cunoască resursele cetății, natura și mărimea lor pentru a adăuga pe cele ce lipsesc și a mări pe cele neîndestulătoare, de asemenea, trebuie să cunoască cheltuielile cetății pentru a suprima pe cele inutile și a micșora pe cele excesive.* >>

ARISTOTEL

Cuprins

1. NOȚIUNI INTRODUCTIVE DESPRE CREAREA UNIUNII EUROPEANE

1.1. Crearea Comunității Economice Europene

Ideea integrării Europei a incitat timp de mai multe secole diverse personalități politice, diplomați, filozofi, etc. în speranța de a crea organisme internaționale cu ajutorul cărora să se pună capăt șirului de conflicte armate și să impulsioneze schimburile economice dintre țările europene.

După primul război mondial ideea Uniunii Europene a apărut pentru prima dată în manifestările austriacului Richard Coudenhove-Kalergi care din 1922 și pînă la moartea sa în 1972 a luptat pentru ideea europeană, aflîndu-se în perioada interbelică în mijlocul inițiativelor privind crearea unei Europe unite.

În 1923 Coudenhove-Kalergi propune un prim proiect de confederalizare a Europei, proiect expus în volumul „Pan-Europa" creând astfel „Uniunea Pan-Europeană" - prima organizație neguvernamentală „europeistă" de pe continent. În acest proiect propunea soluții concrete cu privire la criza economică, prezenta primul model concret de edificare a unității europene considerând că „Europa unită se va produce doar ca o asociație de state libere, ci va fi de fapt pentru o confederație paneuropeană. În numele acestei confederații europene nici un popor nu și-ar sacrifica suveranitatea, ci ar constitui Statele Unite ale Europei."[1]

Proiectul geopolitic al lui Coudenhove-Kalergi este alternativa unui alt proiect geopolitic de amploare, cel al "Mitteleuropei" (Europei Mediane), lansat în 1914 de germanul Friedrich Naumann.

---

[1] http://ro.wikipedia.org/wiki/Richard_von_Coudenhove-Kalergi

Ideea a fost preluată și dezvoltată de Eduard Hariot în cartea intitulată „Europa" (1925), de Gaston Riou în cartea „Europa, patria mea" și de către Louis Loucher care în anul 1927 preconiza „constituirea unor carteluri europene ale cărbunelui și oțelului, organizate de către guvernele europene[2]."

Coudenhove-Kalergi a fost cel care l-a inspirat pe Aristide Birand să lanseze în anul 1929 primul proiect federal european în fața Societății Națiunilor din Geneva, proiect care a eșuat din cauza degradării relațiilor dintre protagoniștii scenei politice europene.

Coudenhove-Kalergi încă din 1929 propunea ca „Oda Bucuriei" din „Simfonia IX" de Beethoven să fie imnul Europei unite.

De asemenea, l-a inspirat pe Winston Churchill, (în septembrie 1946, la Zürich) să lanseze apelul „un nou început al Europei", pe baza reconcilierii dintre Franța și Germania.

În anul următor, britanicul Duncan Sundys a coordonat o serie de mișcări ce promovau unitatea vest – europeană, reunite în „Comitetul internațional de coordonare a mișcărilor pentru unificarea Europei" denumită „Mișcarea Europeană."

Primul Congres european organizat de „Comitetul de coordonare" a avut loc în mai 1948 la Haga și a reunit, sub președinția lui Winston Churchill, peste 800 de delegați din 19 țări europene. Astfel, K. Andenauer (Germania), primul cancelar al Germaniei postbelice, R. Schuman (Franța), A. De Gasperi (Italia) și P.H.C. Spaak (Belgia) și-au adus un aport esențial pentru dezvoltarea cooperării europene și pentru apariția Comunității Europene a Cărbunelui și Oțelului, constituind primul pas concret al unificării europene.

---

[2] D., Drosu-Șaguna. Tratat de Drept financiar și fiscal, Editura All Beck, București, 2003, p. 214 Dumitru, Miron. Laura, Păun. Alina, Dima. Violeta, Băjenaru Ovidiu, Săvoiu. Economia integrării europene, Editura ASE, București, 2001, pp.13-17.

În iunie 1947, pe fondul unei crize accentuate, generalul George Marshall, secretarul de stat american, a anunțat hotărârea Statelor Unite ale Americii de a acorda ajutor economic țărilor europene, cu „scopul de a reface economia în întreaga lume, astfel încât să creeze condițiile economice și sociale necesare instituțiilor libere" [3], ajutor cunoscut sub denumirea de „Planul Marshall". Planul viza direcționarea capitalurilor americane spre țările europene în scopul dezvoltării economice. Acordarea ajutorului promis era condiționat de organizarea unei cooperări strânse între țările europene occidentale (Austria, Belgia, Danemarca, Elveția, Franța, Grecia, Irlanda, Islanda, Italia, Luxemburg, Norvegia, Olanda, Portugalia, Marea Britanie, Suedia și Turcia care s-au reunit la Paris în perioada iunie – iulie 1947 punând bazele Comitetului de Cooperare Economică Europeană (CCEE). Obiectivul principal al acestui program era studierea problemelor economice ale Europei și găsirea unor soluții concrete de rezolvare ale acestora.

Cu prilejul celei de-a doua reuniuni a CCEE, desfășurată în aprilie 1948, a fost semnată Convenția prin care s-a instituit Organizația Europeană a Cooperării Economice (OECE), cu sediul la Paris. Pe lângă statele fondatoare s-au mai adăugat Republica Federală a Germaniei și Spania ca observatori iar Canada și SUA ca membri asociați. Scopul OECE era de a elabora un program de refacere economică, conceput în așa fel încât să elibereze progresiv Europa Occidentală de nevoia unui ajutor extern. De asemenea, OECE avea în vedere punerea în aplicare a unui mecanism de coordonare a politicilor economice din țările membre.

---

[3] D., Drosu-Șaguna. Tratat de Drept financiar și fiscal, Editura All Beck, București, 2003, p. 461.

După sfârșitul celui de-al doilea război mondial țările europene au început să clădească împreună noi forme de cooperare economică și politică deoarece economiile vest – europene, erau distruse și dezorganizate din cauza războiului fiind puse în situația de a-și satisface singure nevoile de materii prime.

Principalele surse care constituiau cooperarea economică erau: cărbunele care constituia principala sursă de energie și oțelul care reprezenta materia primă de bază a majorității industriilor constructoare de mașini.

La 9 mai 1950 *„Declarația Schuman"* propunea instituirea Comunității Europene a Cărbunelui și Oțelului (CECO) care să creeze o piață comună a cărbunelui și a oțelului între cele șase state fondatoare (Belgia, Republica Federală Germania, Franța, Italia, Luxemburg și Țările de Jos).

Declarația s-a materializat prin elaborarea Tratatului de la Paris din 18 aprilie 1951 ratificat, ulterior, de țările semnatare și care a intrat în vigoare la 25 iulie 1952.

Misiunea noii grupări era de a pune în aplicare și de a face să funcționeze pe *Piața Comună* în care cărbunele și oțelul, provenite din țările membre, să fie puse la dispoziția consumatorilor Comunității fără a ține seama de frontierele naționale interioare. Modalitatea preconizată presupunea suprimarea obstacolelor din calea schimburilor economice și stabilirea unui ansamblu de reguli comune și loiale de concurență pentru Piața Comună.

În august 1952 a fost creat un organ supra-național *„Înalta Autoritate"* (cu sediul la Luxemburg) avand ca principală atribuție administrarea integrală a CECO.

Pentru realizarea obiectivelor, s-au constituit următoarele autorități: Adunarea Parlamentară compusă din delegații parlamentelor naționale (la acea dată erau 78 de membri) și care reprezintă organul politic însărcinat cu exercitarea controlului activităţii Înaltei Autorităţi; Consiliul de Miniştri având putere de decizie, reprezenta guvernele statelor membre şi avea ca sarcină principală respectarea aplicării tratatului.

În anul 1955, ca urmare a Conferinţei de la Messina (Sicilia – Italia) s-au pus bazele viitoarei „*Comunităţi Economice Vest – Europene.*" Astfel, în iunie 1955, miniştri de externe ai ţărilor membre CECA se reunesc la Messina şi în vederea creării unei „Pieţe Comune" şi a unei „*Comisii europene a energiei atomice*"[4].

Momentul relansării integrării economice vest – europene a început practic în anul 1956, când miniştri de externe ai „celor şase" au stabilit deschiderea de negocieri concrete între guvernele lor.

Următorul pas al integrării economice a fost crearea în anul 1960 a „*Organizaţiei pentru Cooperare şi Dezvoltare în Europa*" (OCDE).

1.2. Tratatul de constituire a Comunităţii Economice – Europene (CEE sau Piaţa Comună)

1.2.1. Precizări prealabile

După pregătiri asidue şi negocieri, reprezentanţii ţărilor membre ale CECO au semnat la Roma la 25 martie 1957 *Tratatul de constituire a Comunităţii Economice* – Europene (CEE sau „*Piaţa Comună*") – „*o adevărată Constituţie Europeană*"– şi cel de constituire a „*Comunităţii Europene a Energiei Atomice*" (CEEA sau Euratom).

---

[4] F., Teulon. Sistemul monetar internaţional, Editura Institutului European, Iaşi, 1997, p. 30.

Tratatul de instituire a Comunității Europene (Tratatul CEE)[5], reunește Franța, Germania, Italia și Beneluxul într-o Comunitate care are drept scop integrarea prin intermediul schimburilor economice în vederea dezvoltării economice.

În preambulul tratatului care a instituit CEE se prevede că: *„instituțiile economice, datorită faptului că ele trebuie să contribuie la prosperitate și creștere, sunt cele mai sigure mijloace de realizare a obiectivului politic final de uniune între popoare, singurul în măsură să păstreze pacea și libertatea.”*

Prin acest tratat cei șase au hotărât să instituie *„Comunitatea Economică Europeană”* bazată pe o piață comună extinsă, incluzând o gamă largă de bunuri și servicii și exprimând voința statelor membre de a extinde competențele comunitare dincolo de domeniile economice.

1.2.2. Obiectivele Tratatului CEE

Prin instituirea CEE și prin crearea pieței comune sunt urmărite două obiective: primul obiectiv urmărește transformarea condițiilor economice prin care se realizează schimburile și producția pe teritoriul Comunității și al doilea obiectiv, urmărește construcția funcțională a Europei politice și unificarea Europei.

În Preambulul *Tratatului CEE*, semnatarii se declară: *„hotărâți să pună bazele unei uniuni tot mai strânse între popoarele europene; decişi să asigure, printr-o acțiune comună, progresul economic și social al țărilor lor, prin eliminarea barierelor care divizează Europa; propunându-și ca scop esențial al eforturilor lor îmbunătățirea constantă a condițiilor de viață și de muncă ale popoarelor lor; gata să recunoască faptul că eliminarea obstacolelor existente necesită o acțiune concertată în vederea garantării unei extinderi stabile, a unor schimburi echilibrate și a*

---

[5] http://europa.eu/legislation_summaries/institutional_affairs/treaties/ treaties_eec_ro.htm

unei concurenţe loiale; preocupaţi să întărească unitatea economiilor lor şi să asigure o dezvoltare armonioasă prin reducerea decalajului dintre diferitele regiuni şi a rămânerii în urmă a zonelor defavorizate; dornici să contribuie, prin intermediul unei politici comerciale comune, la eliminarea treptată a restricţiilor din schimburile internaţionale; dispuşi să confirme solidaritatea dintre Europa şi ţările de peste mări şi dorind să asigure dezvoltarea prosperităţii acestora, în conformitate cu principiile Cartei Organizaţiei Naţiunilor Unite; hotărâţi să consolideze... pacea şi libertatea şi invitând şi celelalte popoare ale Europei, care le împărtăşesc idealul, să se alăture efortului lor...".

1.2.3. Contribuţiile Tratatului CEE

Tratatul CEE prevede: *crearea unei Pieţe Comune; a unei Uniuni Vamale; elaborarea unor politici comune.*

1. Instituirea unei pieţe comune

Articolul 2 din Tratatul CEE stipulează următoarele: „Comunitatea are ca misiune, prin instituirea unei pieţe comune şi prin apropierea treptată a politicilor economice ale statelor membre, să promoveze în întreaga Comunitate o dezvoltare armonioasă a activităţilor economice, o creştere durabilă şi echilibrată, o stabilitate crescândă, o creştere accelerată a nivelului de trai şi relaţii mai strânse între statele pe care le reuneşte".

Piaţa Comună are la bază următoarele „patru libertăţi": libera circulaţie a persoanelor, a serviciilor, a bunurilor şi a capitalurilor.

Piaţa Comună instituie un spaţiu economic unificat, introducând libera concurenţă între întreprinderi. Aceasta pune bazele apropierii condiţiilor economice de comercializare a produselor şi a serviciilor, cu excepţia celor la care fac deja referire alte tratate (CECO şi Euratom). De altfel, art. 8 din Tratatul CEE prevede că: „realizarea pieţei comune se va face pe durata unei perioade tranzitorii de 12 ani, divizată în trei etape a câte patru ani fiecare. Fiecărei etape i-a fost atribuit un ansamblu de acțiuni care trebuie întreprinse și urmărite."

Sub rezerva exceptărilor și a derogărilor prevăzute de Tratatul CEE, expirarea perioadei tranzitorii constituie termenul de intrare în vigoare a tuturor normelor referitoare la instituirea Pieței Comune.

Piața Comună fiind fondată pe principiul liberei concurențe, interzicându-se înțelegerile între întreprinderi, precum și ajutoarele oferite de stat (cu excepția derogărilor prevăzute de tratat), care pot afecta comerțul între statele membre și care au ca obiect sau ca efect să împiedice, să limiteze sau să distorsioneze concurența.

Țările și teritoriile de peste mări sunt asociate la Piața Comună și la Uniunea Vamală, în scopul intensificării schimburilor și al continuării eforturilor comune de dezvoltare economică și socială.

2. Instituirea unei Uniuni Vamale

Tratatul CEE instituie un *Tarif Vamal Comun Extern*, care este o barieră externă pentru produsele din statele terțe. Acesta înlocuiește tarifele anterioare ale statelor membre. Uniunea Vamală este completată de o politică comercială comună care face diferența între *Uniunea Vamală* și o simplă asociație de liber schimb.

Efectele desființării restricțiilor vamale și ale eliminării restricțiilor cantitative la nivelul schimburilor în cursul perioadei de tranziție sunt pozitive, permițând comerțului intracomunitar și schimburilor dintre CEE și statele terțe să se dezvolte în mod semnificativ.

3. Elaborarea politicilor comune.

În dispozițiile *Tratatului CEE* sunt prevăzute diferitele domenii în care acționează politica, spre exemplu: politica agricolă comună (art. 38-47), politica comercială comună (art. 110-116) şi politica transporturilor (art. 74- 84). Potrivit art. 235 din *Tratatul CEE*: „*În cazul în care, în cadrul funcţionării pieţei comune, o acţiune a Comunităţii apare ca necesară pentru realizarea unuia dintre obiectivele Comunităţii, fără ca prezentul tratat să fi prevăzut atribuţiile necesare în vederea acţionării în acest sens, Consiliul, hotărând în unanimitate cu privire la propunerea Comisiei şi după consultarea Parlamentului European, adoptă dispoziţiile corespunzătoare*".

Începând cu Reuniunea la nivel înalt de la Paris, din octombrie 1972, în conformitate cu art. 235 din *Tratatul CEE, Comunitatea Europeană* elaborează acţiuni în: domeniul politicii mediului, domeniul politicii regionale, sociale şi industriale.

Dezvoltarea acestor politici este completată de crearea *Fondului Social European*, al cărui scop este îmbunătăţirea condiţiilor de ocupare a forţei de muncă pentru lucrători şi ridicarea nivelului lor de trai, precum şi instituirea *Băncii Europene de Investiţii*, menite să îmbunătăţească dezvoltarea economică a Comunităţii prin crearea de noi resurse.

1.2.4. Structura Tratatului CEE

Tratatul CEE cuprinde 240 de articole. *Tratatul CEE* este alcatuit din Preambul şi următoarele şase părţi distincte:

- prima parte este consacrată principiilor care susţin instituirea CEE prin intermediul Pieţei comune, a uniunii Vamale şi a Politicilor comune;
- a doua parte se referă la fundamentele Comunităţii cuprizând patru titluri consacrate liberei circulaţii a mărfurilor, agriculturii, liberei circulaţii a persoanelor, a serviciilor şi a capitalurilor şi a transporturilor;
- a treia parte se referă la politica Comunităţii şi cuprinde patru titluri: regulile comune, politica economică, politica socială şi Banca Europeană de Investiţii;

- a patra parte este consacrată asocierii țărilor și teritoriilor de peste mări;
- a cincea parte este consacrată instituțiilor Comunității, cu un prim titlu care se referă la dispozițiile instituționale și cu un al doilea care se referă la dispozițiile financiare;
- ultima parte a tratatului se referă la dispozițiile generale și finale.

Tratatul CEE cuprinde, patru anexe referitoare la: anumite poziții tarifare, la produse agricole, la tranzacții invizibile și la țările și la teritoriile de peste mări. De asemenea, au fost anexate și douăsprezece protocoale astfel: primul se referă la statutul *Băncii Europene de Investiții,* iar următoarele la diferite probleme specifice unui anumit stat membru (Germania, Franța, Italia, Luxemburg și Țările de Jos) sau la diferite probleme specifice unui anumit produs, precum: uleiurile minerale, bananele, cafeaua verde.

La Actul final al *Tratatului CEE* au fost anexate și nouă declarații.

1.2.5. Instituțiile CEE

Tratatul CEE a creat instituții și mecanisme decizionale care permit exprimarea atât a intereselor naționale, cât și a unei viziuni comunitare.

Echilibrul instituțional are la bază un „triunghi" format din *Consiliu European, Comisia Europeană* și *Parlamentul European,* care colaborează între ele. Astfel, Consiliul elaborează normele, Comisia formulează propunerile, iar Parlamentul are un rol consultativ. De asemenea, există un alt organ care are un rol consultativ în cadrul procesului decizional, și anume *Comitetul Economic și Social.*

Comisia reprezintă un colegiu independent de guverne ale statelor membre care reprezintă interesele comune. Aceasta deține monopolul inițiativei legislative și face propuneri de acte comunitare *Consiliului de Miniștri*. Comisia veghează la aplicarea actelor comunitare și a dreptului derivat. Comisia dispune, în acest sens, de numeroase mijloace pentru a controla statele membre și întreprinderile. În cadrul misiunii sale, Comisia dispune de putere executivă în vederea aplicării politicilor comune.

Consiliul de Miniștri este compus din reprezentanți ai guvernelor statelor membre și deține cea mai mare parte a competențelor decizionale. Acesta este asistat de *Comitetul Reprezentanților Permanenți* (COREPER), care îi pregătește lucrările și execută sarcinile care îi sunt atribuite.

Adunarea Parlamentară are putere de decizie, iar membrii săi nu sunt aleși încă prin vot universal direct.

Tratatul prevede, de asemenea, instituirea unei *Curți de Justiție*.

Conform *Acordului privind unele instituții comune*, semnat și intrat în vigoare în același timp cu *Tratatele de la Roma*, *Adunarea Parlamentară* și *Curtea de Justiție* sunt comune *Tratatelor CEE* și *Euratom*.

Prin intrarea în vigoare a *Tratatului de Fuziune* în 1967, *Consiliul* și *Comisia* devin instituții comune celor trei *Comunități: CECO, CEE* și *Euratom*.

Din 30 martie 1962 denumirea oficială a fost schimbată în *Parlamentul European*.

În 1975 s-a înființat *Fondul European de Dezvoltare Regională* (FEDR).

Recesiunea economică mondială de la începutul anilor 1980 a adus cu sine un val de „*europesimism*". Cu toate acestea, speranța a renăscut în 1985 când Comisia Europeană, sub președinția lui Jacques Delors, a prezentat *Cartea albă* care conținea calendarul pentru realizarea *Pieței Unice Europene* până la data de 1 ianuarie 1993. Acestă idee a fost inclusă în *Actul*

Unic European semnat în februarie 1986 și intrat în vigoare la data de 1 iulie 1987.

Structura politică a Europei s-a schimbat categoric odată cu căderea zidului Berlinului în 1989. Aceasta a condus la unificarea Germaniei în octombrie 1990 și democratizarea țărilor Europei Centrale și de Est prin eliberarea de sub controlul sovietic. Uniunea Sovietică a încetat să existe în decembrie 1991.

În această perioadă, statele membre negociau noul *Tratat privind Uniunea Europeană.*

1.3. Tratatele UE

1.3.1. Tratatul de la MAASTRICHT privind Uniunea Europeană

Ca urmare a negocierilor din decembrie 1991 de la Maastricht Tratatul privind Uniunea Europeană (numit și „Tratatul de la *Maastricht*") a fost semnat de Consiliul European la 7 februarie 1992 în localitatea olandeză Maastricht.

Ulterior, din cauza unor probleme apărute în procesul de ratificare (în Danemarca a fost nevoie de un al II-lea referendum, în Germania s-a înaintat o excepție de neconstituționalitate împotriva acordului parlamentar dat tratatului) Tratatul UE a intrat în vigoare la 1 noiembrie 1993.

În art. 1 din Tratatul de la Maastricht se precizează că „acest Tratat marchează o nouă etapă în cadrul procesului de creare a unei uniuni din ce în ce mai restrânse între popoarele Europei, în care deciziile sunt luate, pe cât posibil, la un nivel cât mai apropiat de cetățeni. Uniunea are la bază Comunitățile Europene precum și politicile și formele de cooperare în prezentul Tratat. Ea are sarcina de a organiza, într-un mod coerent și solidar, relațiile dintre statele membre și dintre popoarele lor".[6]

Tratatul de la Maastricht a fost ulterior modificat prin: Tratatul de la Amsterdam (1997), Tratatul de la Nisa (2002) și prin art. 1 al Tratatului de la Lisabona. Tratatul va avea în continuare denumirea de: „Tratatul privind Uniunea Europeană."

Tratatul a instituit o Uniune Europeană formată inițial din cele 12 state membre ale Comunităților Europene: Belgia, Danemarca, Franța, Germania, Grecia, Irlanda, Italia, Luxemburg, Marea Britanie, Olanda, Portugalia și Spania, la care au aderat în 1995: Austria, Finlanda și Suedia; au aderat în 2004: Cipru, Estonia, Letonia, Lituania, Malta, Polonia,

---

[6] http://ec.europa.eu/romania/documents/eu_romania/tema_2.pdfhttp://eur-lex.europa.eu/en/treaties/index.htm
Legislația primară include, în principal, următoarele documente:- tratatele fondatoare: tratatele prin care au fost instituite Comunitățile Europene (Comunitatea Europeană a Cărbunelui și Oțelului, Comunitatea Economică Europeană și Comunitatea Europeană a Energiei Atomice) – textele e-mail: http://eur-lex.europa.eu/en/treaties/treaties_founding.htm; ▪ Tratatul privind Uniunea Europeană (Tratatul de la Maastricht) – textul este disponibil la adresa
http://eur-lex.europa.eu/en/treaties/treaties_founding.htm; - principalele tratate modificatoare ale tratatelor care au instituit Comunitățile Europene și ale Tratatului privind Uniunea Europeană: Tratatul de fuziune, Actul Unic European e-mail: http://eur-lex.europa.eu/en/treaties/treaties_other.htm
La aceeași adresă se găsesc textele următoarelor tratate modificatoare: Tratatul de la Amsterdam, Tratatul de la Nisa.; - protocoalele speciale, de exemplu Protocolul privind Antilele Olandeze, semnat în 1962 e-mail: http://eur-lex.europa.eu/en/treaties/treaties_other.htm; - tratate adiționale, prin care sunt modificate anumite sectoare acoperite de tratate fondatoare, la adresa http://eur-lex.europa.eu/en/treaties/treaties_other.htm   de exemplu, cele două tratate bugetare, semnate în 1970, respectiv 1975; - tratatele de aderare la Comunitățile Europene, respectiv la Uniunea Europeană: Tratatul de Aderare a Bulgariei și a României, precum și cel corespunzător celor 10 state care au aderat în 2004 sunt disponibile la adresa http://eur-lex.europa.eu/en/treaties/treaties_accession.htm.

Republica Cehă, Slovacia, Slovenia, Ungaria; au aderat în 2007: Bulgaria și România.[7]

Conform Tratatului de la Maastricht, Uniunea Europeană are la bază trei piloni: Pilonul I: Comunitățile Europene, înglobând cele trei comunități existente: Comunitatea Europeană a Cărbunelui și Oțelului (CECO), Comunitatea Europeană a Energiei Atomice (CEEA sau Euratom) și Comunitatea Economică Europeană (CEE), a cărei denumire este schimbată în Comunitatea Europeană; Pilonul II: Politica externă și de securitate comună; Pilonul III: Cooperarea în domeniul Justiției și al Afacerilor interne.

Nivelurile de cooperare sunt diferite. Dacă în primul pilon, instituțiile jucau un rol important în luarea deciziilor, în foarte multe domenii fiind luate prin majoritate calificată, în cadrul pilonilor al doilea și al treilea, cooperarea instaurată este de tip interguvernamental, rolul instituțiilor UE rămânând limitat.

Tratatul este alcătuit din preambul și șapte titluri: - Titlul I intitulat Dispoziții generale (art. 1-8) conține prevederi comune referitoare la Comunități, politica externă și de securitate comună, cetățenia europeana, principii, drepturile, libertățile și principiile prevăzute în Carta drepturilor fundamentale a Uniunii Europene din 7 decembrie 2000, cooperarea judiciară, etc; - Titlul II intitulat Dispoziții privind principiile democratice conține dispoziții referitoare la: principiul egalității cetățenilor săi, principiul democrației reprezentative; - Titlul III intitulat Dispoziții privind insituțiile (art. 13-19). Potrivit art. 13 alin. 1 teza II „Instituțiile Uniunii sunt: Parlamentul European; Consiliul European; Consiliul; Comisia Europeană (denumită în continuare „Comisia”); Curtea de Justiție a Uniunii Europene; Banca Centrală

---

[7] http://ec.europa.eu/romania/documents/eu_romania/tema_2.pdf

Europeană; Curtea de Conturi; - Titlul IV intitulat Dispoziţii privind formele de cooperare consolidată (art.20); - Titlul V intitulat Dispoziţii privind acţiunea externă a Uniunii si dispoziţii speciale privind politca externă şi de securitate comună (art.21-46) este împărţit în următoarele două capitole: Capitolul I intitulat Dispoziţii privind acţiunea externă a Uniunii (art. 21-22) şi Capitolul II intitulat Dispoziţii speciale privind politica externă şi de securitate comună (art. 23- care la rândul lui este împărţit în două secţiuni: Secţiunea I denumită Dispoziţii comune (art. 23-41) şi Secţiunea II denumită Dispoziţii privind politca de securitate şi apărare comună (art. 42-46); - Titlul VI intitulat Dispoziţii finale (art. 47-55).

1.3.2. Tratatul de la LISABONA

1. Precizări prealabile

Tratatul de la Lisabona este rezultatul negocierilor dintre statele membre ale Uniunii Europene, Comisia Europeana şi Parlamentul European în cadrul „Conferinţei reprezentanţilor guvernelor statelor membre ale Uniunii Europene" („Conferinţa interguvernamentală") convocată la Bruxelles, la 23 iulie 2007 [8].

Scopul conferinţei a fost adoptarea de comun a modificărilor care trebuie aduse următoarelor tratate: 1. Tratatul privind Uniunea Europeană; 2. Tratatul de instituire a Comunităţii Europene; 3. Tratatul de instituire a Comunităţii Europene a Energiei Atomice.

Conferinţa interguvernamentală a adoptat următoarele texte: I. Tratatul de la Lisabona care modifică Tratatul privind Uniunea Europeana şi Tratatul de instituire a Comunităţii Europene; II. Protocoale. A. Protocoale anexate la: Tratatul

---

[8] Constanţa, Mătuşescu, *Drept instituţional al Uniunii Europene*, Editura Pro Universitaria, Bucureşti, 2013, pp. 80-89.

privind Uniunea Europeană; Tratatul privind funcţionarea Uniunii Europene; Tratatul de instituire a Comunităţii Europene a Energiei Atomice. B. Protocoale anexate la Tratatul de la Lisabona. III. Anexa la Tratatul de la Lisabona. De asemenea, la această conferinţă au fost adoptate următoarele declaraţii: A. Declaraţii cu privire la dispoziţiile tratatelor (declaraţiile 1-43); B. Declaraţii cu privire la protocoalele anexate tratatelor (declaraţiile 44-50).

Tratatul a fost semnat de reprezentanţii celor 27 state membre ale Uniunii Europene, la Lisabona, pe 13 decembrie 2007.

Art. 1 alin. 2 din Tratatul privind funcţionarea Uniunii Europene[9] dispune: „Prezentul tratat şi Tratatul privind Uniunea Europeană reprezintă tratatele pe care se întemeiază Uniunea. Aceste două tratate, care au aceeaşi valoare juridică, sunt desemnate prin cuvântul „tratatele".

2. Intrarea în vigoare a Tratatului de la Lisabona

În conformitate cu dispoziţiile art. 6 alin. (1) din Tratatul de la Lisabona *"Prezentul tratat se ratifica de către Înaltele Părţi Contractante, în conformitate cu normele lor constituţionale. Instrumentele de ratificare vor fi depuse pe lângă Guvernul Republicii Italiene "*

Tratatul de la Lisabona prevedea pentru intrarea în vigoare două variante: 1. data de 1 ianuarie 2009 cu condiţia ca toate instrumentele de ratificare să fi fost depuse sau 2. prima zi a lunii care urmează depunerii instrumentului de ratificare de către statul semnatar care îndeplineşte ultimul această formalitate. Condiţia de intrare în vigoare a Tratatul de la Lisabona cu data de 1 ianuarie 2009 nu a fost îndeplinită (Irlanda nu ratificat iniţial tratatul). În această situaţie se merge pe cea de a doua variantă astfel, Tratatul de la Lisabona a intrat

---

[9] RO C 326/24 Jurnalul Oficial al Uniunii Europene 26.10.2012

în vigoare începând cu data de 1 decembrie 2009, ca urmare a depunerii, în luna noiembrie 2009, de către Republica Cehă, a ultimului instrument de ratificare.

Tratatul de la Lisabona modifica Tratatul privind Uniunea Europeana[10] și Tratatul de instituire a Comunității Europene modificat ulterior devine Tratatul privind Funcționarea Uniunii Europene.

Potrivit dispozițiilor din Tratatul de la Lisabona, „Uniunea se întemeiază pe Tratatul privind Uniunea Europeana și pe Tratatul privind funcționarea Uniunii Europene. Aceste două tratate au aceeași valoare juridică. Uniunea se substituie Comunității Europene și îi succedă acesteia. Tratatul privind funcționarea Uniunii Europene organizează funcționarea Uniunii și stabilește domeniile, limitele și condițiile exercitării competențelor sale."

3. Structura Tratatului de la Lisabona [11]

Tratatul de la Lisabona este structurat pe șapte părti, astfel: Partea I intitulată Principiile (art.1-17) cuprinde două titluri: Titlul I - Categorii și domenii de competențe ale Uniunii (art. 2-6) și Titlul II - Dispoziții de aplicare generală (art. 7-17); Partea a II-a intitulată Nediscriminarea și cetățenia Uniunii (art.18-25); Partea a III-a intitulată Politicile și acțiunile interne ale Uniunii (art.26-197) cuprinde douăzecișipatru de titluri: Titlul I - Piața internă (art. 26-27); Titlul II - Libera circulație a mărfurilor (art. 28-37) împărțit în următoarele trei capitole: Capitolul I - Uniunea Vamală (art. 30-32); Capitolul II - Cooperarea Vamală (art.33); Capitolul III - Interzicerea

---

[10] Tratatul de la Maastricht a fost ulterior modificat prin: Tratatul de la Amsterdam (1997), Tratatul de la Nisa (2002) și prin articolul 1 al Tratatului de la Lisabona. Tratatul va avea în continuare denumirea de: „Tratatul privind Uniunea Europeană."

[11] RO C 326/24 Jurnalul Oficial al Uniunii Europene 26.10.2012

restricţiilor cantitative între statele membre (art. 34-37); Titlul III - Agricultura şi pescuitul (art.38-44); Titlul IV- Libera circulaţie a persoanelor, serviciilor şi capitalurilor (art. 45-66) împărţit în următoarele patru capitole: Capitolul I –Lucrătorii (45-48); Capitolul II – Dreptul de stabilire (art. 49-55); Capitolul III – Serviciile (art. 56-62); Capitolul IV –Capitalurile şi plăţile (art. 63-66); Titlul V- Spaţiul de libertate, securitate şi justiţie (art. 67-89) împărţit în următoarele cinci capitole: Capitolul I- Dispoziţii generale (art.67-76); Capitolul II- Politici privind controlul la frontiere, dreptul de azil şi emigrarea (art. 77-80); Capitolul III- Cooperarea judiciară în materie civilă (art.81); Capitolul IV- Cooperarea judiciară în materie penală (art. 82-86); Capitolul V- Cooperarea poliţenească (art.87-89); Titlul VI – Transporturile (art. 90-100); Titlul VII (art.101-118) – Norme comune privind concurenţa, impozitarea şi armonizarea fiscală (art.) împărţit în umătoarele trei capitole: Capitolul I – Reguli de concurenţă (art. 101-109); Capitolul II- Dispoziţii fiscale (art. 110-113); Capitolul III – Apropierea legislaţiilor (art. 114-118); Titlul VIII – Politica economică şi monetară (art.119-44) împărţit în următoarele cinci capitole: Capitolul I – Politica economică (art. 120-126); Capitolul II – Politica monetară (art. 127-133); Capitolul III – Dispoziţii instituţionale (art. 134-135); Capitolul IV –Dispoziţii privind statele membre ale căror monedă este EURO (art. 136-138); Capitolul V –Dispoziţii tranzitorii (art.139-144); Titlul XIX – Ocuparea forţei de muncă (art. 145-150); Titlul X –Politica socială (art.151-161); Titlul XI- Fondul Social European (art.162-164); Titlul XII –Educaţia, formarea profesională, tineretul şi sportul (art.165-166); Titlul XIII – Cultura (art. 167); Titlul XIV- Sănătatea publică (art.168); Titlul XV – Protecţia consumatorilor (art.169); Titlul XVI- Reţele Transeuropene (art.170- 172); Titlul XVII – Industria (art.173); Titlul XVIII- Coeziunea economică, socială şi teritorială (art.174-178); Titlul XIX –Cercetarea și dezvoltarea tehnologică și spațiul (art.179- 190); Titlul XX- Mediul (art.191-193); Titlul XXI- Energia (art.194); Titlul XXII –Turismul (art.195); Titlul XXIII –Protecția civilă (art. 196); Titlul XXIV – Cooperarea administrativă (art.197); Partea a IV-a – Asocierea țărilor și teritoriilor de peste mări (art.198-204); Partea a V-a – Acțiunea externă a Uniunii (art.205-222) cuprinde următoarele șapte titluri: Titlul I- Dispoziții generale privind acțiunea externă a Uniunii (art. 205); Titlul II- Politica comercială comună (art.206-207); Titlul III - Cooperarea cu țările terțe și ajutor umanitar (art.208-) împărțit în următoarele trei capitole: Capitolul I –Cooperarea pentru dezvoltare (art.208-211); Capitolul II- Cooperarea economică, financiară și tehnică cu țările terțe (art.212-213); Capitolul III- Ajutorul umanitar (art. 214); Titlul IV- Măsuri restrictive (art.215); Titlul V – Acordurile internaționale (art.216-219); Titlul VI- Relațiile Uniunii cu organizațiile internaționale și cu țările terțe și delegații ale Uniunii (art.220-221); Titlul VII- Clauza de solidaritate (art.222); Partea a VI-a – Dispoziții instituționale și financiare (art.223-334) cuprinde următoarele titluri: Titlul I – Dispoziții instituționale (art.224-309) este împărțit în următoarele capitole: Capitolul I - Instituțiile (art.223-287) este împărțit în următoarele șapte secțiuni: Secțiunea I- Parlamentul European (art.223-234); Secțiunea II- Consiliul European (art.235-236); Secțiunea III- Consilul (art.237-243); Secțiunea IV-Comisia (art.244-250); Secțiunea V- Curtea de Justiție a Uniunii Europene (art.251-281); Secțiunea VI- Banca Centrală Europeană (art.282-284); Secțiunea VII- Curtea de Conturi (art.285-287); Capitolul II – Actele juridice ale Uniunii, procedurile de adoptare și alte dispoziții (art.288-299) împărțit în următoarele două secțiuni: Secțiunea I- Actele juridice ale Uniunii (art.288- 292); Secțiunea II- Proceduri de adoptare și alte dispoziții (art.293-299); Capitolul III- Organele

29

consultative ale Uniunii (art.300-309) împărțit în următoarele două secțiuni: Secțiunea I- Comitetul Economic și Social (art.301-304); Secțiunea II- Comitetul Regiunilor (art.305-307); Capitolul III- Banca Europeana de Investiții (art.308-309); Titlul II- Dispoziții financiare (art.310-325) împărțit în următoarele șase capitole: Capitolul I – Resursele proprii ale Uniunii (art.311); Capitolul II- Cadrul financiar multianual (art.312); Capitolul III- Bugetul anual al Uniunii (art.313-316); Capitolul IV- Execuția bugetului și descărcarea (art.317-219); Capitolul V- Dispoziții comune (art.320-324), Capitolul VI- Combaterea fraudei (art.325); Titlul III -Formele de cooperare consolidată (art.326-334); Partea a VII-a – Dispozitii generale și finale (art.335-358).

1.4.Generalități despre Instituțiile Uniunii Europene

Potrivit art. 13 alin. 1 teza II din *Tratatul privind UE* (de la Maastricht versiunea consolidată) „Instituțiile Uniunii sunt: *Parlamentul European; Consiliul European; Consiliul; Comisia Europeană (denumită în continuare „Comisia"); Curtea de Justiție a Uniunii Europene; Banca Centrală Europeană; Curtea de Conturi.*

Potrivit dispozițiilor din Capitolul III intitulat *Organele consultative ale Uniunii* (art.300-309) ale *Tratatului privind funcționarea UE* sunt: *1. Comitetul Economic și Social* (art.301-304); *2. Comitetul Regiunilor* (art.305-307) iar organismele financiare ale UE sunt: *Banca Centrală Europeană; Banca Europeana de Investiții; Fondul european de Investiții.*

1. Parlamentul European

Parlamentul European a fost ales prima oară în iunie 1979 și i s-au conferit împuterniciri mai mari de către *Actul European* din anul1986.

Parlamentul European are trei sedii: la Luxemburg (sediul Secretariatului General), la Strasbourg (unde au loc sesiunile plenare, la care participă toți membrii Parlamentului European) și la Bruxelles (unde au loc întâlnirile comitetelor și unele sesiuni plenare).

Parlamentul European[12] este organul legislativ al UE.

Potrivit art. 14 din *Tratatul privind UE* (versiunea consolidată) *„Parlamentul European exercită, împreună cu Consiliul, funcțiile legislativă și bugetară. Acesta exercită funcții de control politic și consultative, în conformitate cu condițiile prevăzute în tratate. Parlamentul European alege președintele Comisiei. (alin.1) Parlamentul European este compus din reprezentanții cetățenilor Uniunii. Numărul acestora nu poate depăși șapte sute cincizeci, plus președintele. Reprezentarea cetățenilor este asigurată în mod proporțional descrescător, cu un prag minim de șase membri pentru fiecare stat membru. Niciunui stat membru nu i se atribuie mai mult de nouăzeci și șase de locuri. Consiliul European adoptă în unanimitate, la inițiativa Parlamentului European și cu aprobarea acestuia, o decizie de stabilire a componenței Parlamentului European, cu respectarea principiilor menționate la primul paragraf. (alin.2). Membrii Parlamentului European sunt aleși prin vot universal direct, liber și secret, pentru un mandat de cinci ani. (alin.3) Parlamentul European își alege președintele și biroul dintre membrii săi. (alin.4). Parlamentul European reprezintă cetățenii Uniunii Europene. (alin.5)"*

În prezent, cei peste 490 de milioane de cetățeni din cele 27 de State Membre sunt reprezentați de 785 de parlamentari. Parlamentarii europeni nu aparțin partidelor politice naționale, ci aparțin celor 7 grupuri europene: Grupul Partidului Popular European (Creștin-Democrat) și al Democraților Europeni (289 deputați), Grupul Socialist din Parlamentul European (215 deputați), Grupul Alianței Liberalilor și Democraților pentru Europa (101 deputați), Grupul Uniunea pentru Europa Națiunilor (44 deputați),

---

[12] A se vedea C., Mătușescu. Drept instituțional al Uniunii Europene, Editura Pro Universitaria, București, 2013, pp. 222-226 și adresa: http://www.europarl.europa.eu/parliament.do?language=ro

Grupul Verzilor/Alianţa Libera Europeana (42 deputaţi), Grupul Confederal al Stângii Unite Europene/Stânga Verde Nordică (41 deputaţi) şi Grupul Independenţă şi Democraţie (24 deputaţi). De asemenea, există şi parlamentari independenţi (29 deputaţi), neafiliaţi niciunui grup politic.

Membrii Parlamentului European sunt aleşi prin vot universal direct, liber şi secret, pentru un mandat de cinci ani. Parlamentul European îşi alege preşedintele şi biroul dintre membrii săi. Dispoziţiile referitoare la Parlamentul European le găsim în Titlul III intitulat *Dispoziţii privind instituţiile* (art. 13-19) din Tratatul privind UE şi în Tratatul privind funcţionarea UE (art. 223-234).

2. Consiliul European

Consiliul European/Consiliul Uniunii Europene[13], reprezintă interesele statelor membre și este principalul organism decizional la nivelul Uniunii Europene.

Consiliul Uniunii Europene își are sediul la Bruxelles.

Potrivit art. 16 din *Tratatul privind UE* (versiunea consolidată) „*Consiliul European oferă Uniunii impulsurile necesare dezvoltării acesteia și îi definește orientările și prioritățile politice generale. Acesta nu exercită funcții legislative. (alin.1) Consiliul European este compus din șefii de stat sau de guvern ai statelor membre, precum și din președintele său și președintele Comisiei. Înaltul Reprezentant al Uniunii pentru afaceri externe și politica de securitate participă la lucrările Consiliului European. (alin.2) Consiliul European se întrunește de două ori pe semestru la convocarea președintelui său. Atunci când ordinea de zi o impune, membrii Consiliului European pot decide să fie asistați fiecare de un ministru și, în ceea ce îl privește pe președintele Comisiei, de un membru al Comisiei. De asemenea, în anumite situații, președintele poate convoca reuniunea extraordinară a Consiliului European. (alin.3) Consiliul European se pronunță prin consens, cu excepția cazului în care tratatele dispun altfel. (alin.4) Consiliul European își alege președintele cu majoritate calificată, pentru o durată de doi ani și jumătate, cu posibilitatea reînnoirii mandatului o singură dată. În caz de împiedicare sau de culpă gravă, Consiliul European poate pune capăt mandatului președintelui în conformitate cu aceeași procedură. (alin.5).*"

Întâlnirile Consiliului Uniunii Europene sunt împărțite în 9 Consilii: 1. Afaceri Generale și Relații Externe; 2. Afaceri Economice și Financiare; 3. Justiție și Afaceri Interne; 4.

---

[13] C., Mătușescu. *Drept instituțional al Uniunii Europene*, Editura Pro Universitaria, București, 2013, pp. 225-226; RO C 326/24 Jurnalul Oficial al Uniunii Europene 26.10.2012 și site:
http://www.consilium.europa.eu/showPage.aspx?id=1&lang=ro;
http://www.se2009.eu/

Ocuparea forţei de muncă, Politica Socială, Sănătate şi Consumatori; 5. Concurenţa; 6. Transport, Telecomunicaţii şi Energie; 7. Agricultură şi Pescuit; 8. Mediu; 9. Educaţie, Tineret şi Cultură. Dispoziţiile referitoare la Consiliul European le găsim în Titlul III intitulat *Dispoziţii privind insituţiile* (art. 13-19) din Tratatul privind UE şi în Tratatul privind funcţionarea UE (art. 235-236).

3. Consiliul

Consiliul[14] exercită, împreună cu Parlamentul European, funcţiile legislativă şi bugetară. De asemenea, exercită funcţii de definire a politicilor şi de coordonare, în conformitate cu condiţiile prevăzute în tratate.

Consiliul este compus din câte un reprezentant la nivel ministerial al fiecărui stat membru, împuternicit să angajeze guvernul statului membru pe care îl reprezintă şi să exercite dreptul.

Preşedinţia formaţiunilor Consiliului, cu excepţia celei Afaceri Externe, este asigurată de reprezentanţii statelor membre în cadrul Consiliului după un sistem de rotaţie egal, în condiţiile stabilite de art. 236 din *Tratatul privind funcţionarea Uniunii Europene.*

La întâlnirile Consiliului, în funcţie de subiectul de discuţie, Statele Membre sunt reprezentate de ministrul de resort (de exemplu, afaceri externe, mediu, transport etc.), iar întâlnirea va avea denumirea subiectului în cauză (de exemplu dacă miniştrii de transport se întâlnesc pentru a discuta probleme aferente acestui domeniu, consiliul se va numi Consiliul pentru Transport).

Consiliul îşi are sediul la Bruxelles.

---

[14] C., Mătuşescu. *Drept instituţional al Uniunii Europene*, Editura Pro Universitaria, Bucureşti, 2013, pp. 225-226.

Dispozițiile referitoare la Consiliul le găsim în Titlul III intitulat *Dispoziții privind instituțiile* (art.13-19) din Tratatul privind UE și în Tratatul privind funcționarea UE (art. 237-243).

4. Comisia Europeană

Dispozițiile referitoare la Comisia Europeană le găsim în Titlul III intitulat *Dispoziții privind instituțiile* (art. 13-19) din *Tratatul privind UE* și în *Tratatul privind funcționarea UE* (art. 244-250).

Comisia Europeană[15] este una dintre principalele instituții ale Uniunii Europene având următoarele atribuții: reprezintă și susține interesele Uniunii în ansamblul său; propune acte legislative și gestionează punerea în aplicare a politicilor europene; gestionează modul în care sunt cheltuite fondurile UE.

Comisia Europeană are sediile la Bruxelles și Luxemburg. De asemenea, are reprezentanțe în fiecare țară a UE și delegații în capitale din lumea întreagă.

Potrivit art. 17 din *Tratatul privind UE* (versiunea consolidată) *„Comisia promovează interesul general al Uniunii și ia inițiativele corespunzătoare în acest scop. Aceasta asigură aplicarea tratatelor, precum și a măsurilor adoptate de instituții în temeiul acestora. Comisia supraveghează aplicarea dreptului Uniunii sub controlul Curții de Justiție a Uniunii Europene. Aceasta execută bugetul și gestionează programele. Comisia exercită funcții de coordonare, de executare și de administrare, în conformitate cu condițiile prevăzute în tratate. Cu excepția politicii externe și de securitate comune și a altor cazuri prevăzute în tratate, aceasta asigură reprezentarea externă a Uniunii. Comisia adoptă inițiativele de programare anuală și multianuală a Uniunii, în vederea încheierii unor acorduri interinstituționale. (alin.1) Actele*

---

[15] http://europa.eu/about-eu/institutions-bodies/european-commission/index_ro.htm

legislative ale Uniunii pot fi adoptate numai la propunerea Comisiei, cu excepţia cazului în care tratatele prevăd altfel. Celelalte acte se adoptă la propunerea Comisiei, în cazul în care tratatele prevăd acest lucru.(alin.2)"

Comisia Europeană este alcătuită din 28 de comisari, câte unul din fiecare stat membru.

Comisarii trasează direcţiile politice ale Comisiei Europene pe durata mandatului lor de 5 ani.

Fiecărui comisar îi este atribuită de către preşedinte responsabilitatea pentru unul sau mai multe domenii de acţiune.

Preşedintele este desemnat de Consiliul European, care îi numeşte şi pe ceilalţi comisari, cu acordul preşedintelui desemnat.

Numirea comisarilor, inclusiv a preşedintelui, este supusă aprobării Parlamentului European .

Pe durata mandatului, comisarii răspund pentru acţiunile lor în faţa Parlamentului European, singura instituţie abilitată să demită Comisia Europeană.

Activitatea de zi cu zi a Comisiei Europeane este asigurată de membrii personalului - administratori, jurişti, economişti, traducători, interpreţi, secretari etc - organizaţi în departamente numite „Direcţii Generale" (DG).

În calitate de „*gardian al tratatelor*", Comisia Europeană se asigură că fiecare stat membru aplică în mod corect legislaţia europeană[16].

În cazul în care consideră că un guvern nu îşi respectă obligaţiile Comisia îi adresează mai întâi o scrisoare oficială prin care îi cere să remedieze situaţia şi în ultimă instanţă, Comisia Europeană înaintează cazul Curţii de Justiţie. Curtea de Justiţie

---

[16] C., Mătuşescu. *Drept instituţional al Uniunii Europene*, Editura Pro Universitaria, Bucureşti, 2013, pp. 225-226.

poate impune sancțiuni, iar deciziile sale sunt obligatorii pentru toate țările și instituțiile europene.

Comisia Europeană se exprimă în numele tuturor țărilor UE în cadrul organismelor internaționale (de exemplu, Organizația Mondială a Comerțului).

Comisia Europeană negociază acorduri internaționale în numele UE (de exemplu, *Acordul de la Cotonou privind ajutorarea țărilor în curs de dezvoltare din Africa, Caraibe și Pacific și derularea schimburilor comerciale cu acestea*).

5. Curtea Europeană de Justiție

Curtea Europeană de Justiție, a fost înființată în anul 1952 pe baza *Tratatului privind Comunitatea Europeană a Cărbunelui și Oțelului.*

Curtea Europeană de Justiție își are sediul la Luxemburg.

Rolul Curții Europene de Justiție este să se asigure că legea europeană este interpretată și aplicată uniform pe întregul teritoriu al Uniunii Europene.

Curtea Europeană de Justiție are puterea de a judeca litigiile dintre statele membre ale Uniunii, dintre instituțiile europene, dintre companii și dintre indivizi.

Potrivit art. 19 din *Tratatul privind UE* (versiunea consolidată) „*Curtea de Justiție a Uniunii Europene cuprinde Curtea de Justiție, Tribunalul și tribunale specializate. Aceasta asigură respectarea dreptului în interpretarea și aplicarea tratatelor. Statele membre stabilesc căile de atac necesare pentru a asigura o protecție jurisdicțională efectivă în domeniile reglementate de dreptul Uniunii. (alin.1). Curtea de Justiție este compusă din câte un judecător pentru fiecare stat membru. Aceasta este asistată de avocați generali. (alin.2)*"

Curtea Europeană de Justiție are în componența sa 27 de judecatori – cate unul din fiecare stat membru- și 8 avocați generali. Aceștia sunt numiți, de comun acord, de guvernele statelor membre pentru o perioadă de 6 ani, perioadă ce poate fi reînnoită.

Ca urmare a numărului foarte mare de cauze pe care Curtea Europeană de Justiţie trebuia sa le rezolve, în anul 1989 a luat fiinţă Tribunalul de Primă Instanţă. Acesta soluţionează diferite tipuri de litigii în care sunt implicate atât persoanele fizice cât şi persoanele juridice.

Pentru soluţionarea litigiilor dintre Comunităţile Europene şi funcţionarii săi a fost înfiinţat Tribunalul Funcţiei Publice, afiliat Tribunalului de Primă Instanţă, format din 7 judecători, numiţi de Consiliu.

Judecătorii şi avocaţii generali ai Curţii Europene de Justiţie, precum şi judecătorii Tribunalului de Primă Instanţă sunt aleşi dintre personalităţile care prezintă toate garanţiile de independenţă şi care întrunesc condiţiile prevăzute la art. 253 şi 254 din *Tratatul privind funcţionarea Uniunii Europene*. Aceştia sunt numiţi de comun acord de către guvernele statelor membre pentru şase ani. Judecătorii şi avocaţii generali care îşi încheie mandatul pot fi numiţi din nou.

Tribunalul de Primă Instanţă are în componenţă cel puţin un judecător din fiecare stat membru.

Curtea Europeană de Justiţie conform dispoziţiilor din „Tratate" hotărăşte: (a) cu privire la acţiunile introduse de un stat membru, de o instituţie ori de persoane fizice sau juridice; (b) cu titlu preliminar, la solicitarea instanţelor judecătoreşti naţionale, cu privire la interpretarea dreptului Uniunii sau la validitatea actelor adoptate de instituţii; (c) în celelalte cazuri prevăzute în tratate.

6. Curtea de Conturi Europeană

Curtea de Conturi europeană a luat fiinţă în anul 1975 şi are sediul la Luxemburg.

Rolul acestui organism este de a verifica dacă fondurile europene, ce provin de la contribuabilii europeni, sunt colectate şi cheltuite în mod corect şi legal.

Potrivit art. 285 alin. 1 din *Tratatul privind funcţionarea UE „Curtea de Conturi asigură controlul conturilor Uniunii. Curtea de Conturi este formată din câte un resortisant din fiecare stat membru. Membrii săi îşi exercită funcţiile în deplină independenţă, în interesul general al Uniunii. "*

Curtea de Conturi Europeană are 27 de membri, câte unul din fiecare stat membru, numiţi pentru un mandat de 6 ani, care poate fi reînnoit.

Membrii Curţii de Conturi Europene sunt aleşi dintre personalităţile care fac parte ori au făcut parte, în statul lor, din instituţiile de control financiar extern sau care au o calificare deosebită pentru această funcţie. Aceştia trebuie să prezinte toate garanţiile de independenţă.

Consiliul, după consultarea Parlamentului European, adoptă lista membrilor stabilită în conformitate cu propunerile făcute de fiecare stat membru.

Membrii Curţii de Conturi Europene desemnează dintre ei pe preşedintele Curţii de Conturi, pentru o perioadă de trei ani. Mandatul acestuia poate fi reînnoit.

Potrivit art. 287 alin. 1 din *Tratatul privind funcţionarea UE „Curtea de Conturi verifică totalitatea conturilor de venituri şi cheltuieli ale Uniunii. De asemenea, aceasta verifică totalitatea conturilor de venituri şi cheltuieli ale oricărui organ, oficiu sau agenţie înfiinţată de Uniune, în măsura în care actul constitutiv nu exclude acest control. "*

Curtea de Conturi Europeană, în cazul în care descopera nereguларităţi sau fraude, sesizează Oficiul European de Lupta Antifraudă – OLAF.

7. Organele consultative

Organele consultative sunt: *1. Comitetul Economic şi Social* (art. 301-304) şi *2. Comitetul Regiunilor* (art. 305-307).

Parlamentul European, Consiliul şi Comisia sunt asistate de un *Comitet Economic şi Social şi de un Comitet al Regiunilor,* care exercită funcţii consultative[17].

Comitetul Economic şi Social este format din reprezentanţi ai organizaţiilor patronale, salariale şi ai altor reprezentanţi ai societăţii civile, în special din domeniile socio-economic, civic, profesional şi cultural.

Comitetul Regiunilor este format din reprezentanţi ai colectivităţilor regionale şi locale care sunt fie titularii unui mandat electoral în cadrul unei autorităţi regionale sau locale, fie răspund din punct de vedere politic în faţa unei adunări alese.

Mandatul membrilor *Comitetului Economic şi Social şi ai Comitetului Regiunilor* nu este imperativ. Aceştia îşi exercită funcţiile în deplină independenţă, în interesul general al Uniunii.

8. Instituţiile financiare

Instituţiile financiare sunt: *Banca Centrală Europeană* [18] - responsabilă de politica monetară europeană; *Banca Europeană de Investiţii* [19] - finanţează investiţiile în proiecte de dezvoltare economică în interiorul şi în exteriorul UE şi susţine micile întreprinderi prin *Fondul European de Investiţii.*[20]

---

[17] C., Mătuşescu. Drept instituţional al Uniunii Europene, Editura Pro Universitaria, Bucureşti, 2013, pp. 264-273.
[18] http://www.ecb.int/home/html/lingua.ro.html
[19] http://www.eib.europa.eu/ http://www.eif.org/
[20] http://www.ecb.int

2. SISTEMUL EUROPEAN AL BĂNCILOR CENTRALE

2.1. Noţiuni generale

Dispoziţiile referitoare la SEBC le găsim în *Tratatul privind funcţionarea* UE (art. 282) şi în *Protocolul* (NR. 4) privind *Statutul Sistemului European al Băncilor Centrale şi al Băncii Centrale Europene.*

Art. 282 alin. 1 teza I din *Tratatul privind funcţionarea UE* coroborat cu art. 1 alin.1 teza I din *Protocolul* (NR. 4) *privind Statutul Sistemului European al Băncilor Centrale şi al Băncii Centrale Europene* precizează că *„Banca Centrală Europeană şi băncile centrale naţionale constituie Sistemul European al Băncilor Centrale („SEBC"). "*

Art. 282 alin. 1 teza II din *Tratatul privind funcţionarea UE* coroborat cu art. 1 alin.1 teza II din *Protocolul* (NR. 4) *privind Statutul Sistemului European al Băncilor Centrale şi al Băncii Centrale Europene* precizează că: *„Eurosistemul este alcătuit din Banca Centrală Europeană şi băncile centrale naţionale ale statelor membre a căror monedă este euro, conducând politica monetară a Uniunii. "*

SEBC este condus de organele de decizie ale Băncii Centrale Europene.

Obiectivul principal al SEBC îl reprezintă menţinerea stabilităţii preţurilor. Fără a aduce atingere acestui obiectiv, SEBC sprijină politicile economice generale în cadrul Uniunii pentru a contribui la realizarea obiectivelor acesteia.

SEBC şi BCE îşi îndeplinesc funcţiile şi îşi desfăşoară activităţile în conformitate cu dispoziţiile tratatelor şi ale *Protocolului* (NR. 4) *privind Statutul Sistemului European al Băncilor Centrale şi al Băncii Centrale Europene.*

2.2. Obiectivele, misiunile și funcțiile SEBC

(art. 2- art. 4)

1. Obiectivele. În conformitate cu articolul 127 alineatul (1) și cu articolul 282 alineatul (2) din Tratatul privind funcționarea Uniunii Europene, obiectivul principal al SEBC este menținerea stabilității prețurilor. Fără a aduce atingere obiectivului privind stabilitatea prețurilor, SEBC sprijină politicile economice generale din Uniune, cu scopul de a contribui la realizarea obiectivelor Uniunii, definite la articolul 3 din Tratatul privind Uniunea Europeană. SEBC acționează potrivit principiului unei economii de piață deschise în care concurența este liberă, favorizând o alocare eficientă a resurselor și respectând principiile stabilite la articolul 119 din Tratatul privind funcționarea Uniunii Europene.RO C 326/230 Jurnalul Oficial al Uniunii Europene 26.10.2012

2. Misiunile. În conformitate cu articolul 127 alineatul (2) din Tratatul privind funcționarea Uniunii Europene, misiunile fundamentale care urmează să fie îndeplinite prin intermediul SEBC sunt: — definirea și aplicarea politicii monetare a Uniunii; — desfășurarea operațiunilor de schimb valutar, în conformitate cu articolul 219 din tratatul menționat; — deținerea și administrarea rezervelor valutare oficiale ale statelor membre; — promovarea bunei funcționări a sistemelor de plăți. În conformitate cu articolul 127 alineatul (3) din Tratatul privind funcționarea Uniunii Europene, a treia liniuță din articolul 3.1 se aplică fără să aducă atingere deținerii și administrării fondurilor de rulment în valută de către guvernele statelor membre. În conformitate cu articolul 127 alineatul (5) din Tratatul privind funcționarea Uniunii Europene, SEBC contribuie la buna desfășurare a politicilor promovate de autoritățile competente în ceea ce privește supravegherea prudenţială a instituţiilor de credit şi stabilitatea sistemului financiar.

3. Funcţiile consultative. În conformitate cu articolul 127 alineatul (4) din Tratatul privind funcţionarea Uniunii Europene: (a) BCE este consultată: — cu privire la orice act al Uniunii propus în domeniile care sunt de competenţa sa; — de autorităţile naţionale cu privire la orice proiect de reglementare în domeniile care sunt de competenţa sa, dar în limitele şi în condiţiile stabilite de Consiliu, în conformitate cu procedura prevăzută la articolul 41; (b) în domeniile care sunt de competenţa sa, BCE poate prezenta avize instituţiilor, organelor, oficiilor şi agenţiilor Uniunii sau autorităţilor naţionale.

2.3. Culegerea de informaţii statistice (art.5)

Pentru realizarea misiunilor SEBC, BCE, sprijinită de băncile centrale naţionale, culege informaţiile statistice necesare, fie de la autorităţile naţionale competente, fie direct de la agenţii economici. În acest scop, BCE cooperează cu instituţiile, organele, oficiile şi agenţiile Uniunii, cu autorităţile competente ale statelor membre sau ale ţărilor terţe, precum şi cu organizaţiile internaţionale.

În măsura în care este posibil, băncile centrale naţionale îndeplinesc misiunile descrise la articolul 5.1.

BCE are datoria să promoveze, în cazul în care este necesar, armonizarea regulilor şi practicilor privind culegerea, elaborarea şi difuzarea datelor statistice din domeniile care sunt de competenţa sa.

În conformitate cu procedura prevăzută la articolul 41, Consiliul stabileşte persoanele fizice şi juridice supuse obligaţiei de raportare, regimul de confidenţialitate şi dispoziţiile corespunzătoare de executare şi de sancţionare.

2.4. Cooperarea internaţională (art.6)

În domeniul cooperării internaţionale privind misiunile încredinţate SEBC, BCE decide modul de reprezentare a SEBC.

BCE şi, sub rezerva acordului acesteia, băncile centrale naţionale pot să participe la instituţiile monetare internaţionale.

Articolele 6.1 şi 6.2 se aplică fără a aduce atingere articolului 138 din Tratatul privind funcţionarea Uniunii Europene.

2.5. Organizarea SEBC (art.7, art.8 şi art.14)

1. Independenţa. În conformitate cu articolul 130 din Tratatul privind funcţionarea Uniunii Europene, în exercitarea competenţelor şi în îndeplinirea misiunilor şi îndatoririlor care le-au fost conferite prin tratate şi prin prezentul statut, BCE, băncile centrale naţionale sau membrii organelor lor de decizie nu pot solicita sau accepta instrucţiuni de la instituţiile, organele, oficiile şi agenţiile Uniunii, de la guvernele statelor membre sau de la orice alt organism. Instituţiile, organele, oficiile şi agenţiile Uniunii, precum şi guvernele statelor membre se angajează să respecte acest principiu şi să nu încerce să influenţeze membrii organelor de decizie ale BCE sau ale băncilor centrale naţionale în îndeplinirea misiunilor acestora. SEBC este condus de organele de decizie ale BCE.

3. Băncile centrale naţionale În conformitate cu articolul 131 din Tratatul privind funcţionarea Uniunii Europene, fiecare stat membru asigură compatibilitatea legislaţiei sale naţionale, inclusiv a statutului băncii sale centrale naţionale, cu tratatele şi cu prezentul statut.

Statutele băncilor centrale naţionale prevăd, în special, că durata mandatului guvernatorului băncii centrale naţionale nu poate fi mai mică de cinci ani. Un guvernator poate fi eliberat din funcție numai în cazul în care nu mai îndeplinește condițiile necesare exercitării îndatoririlor sale sau în care a comis o abatere gravă. Împotriva deciziei luate în această privință, guvernatorul respectiv sau Consiliul guvernatorilor poate introduce la Curtea de Justiție o acțiune întemeiată pe încălcarea tratatelor sau a oricărei norme de drept de aplicare a acestora. Acțiunea respectivă trebuie să fie formulată într-un termen de două luni, după caz, fie de la publicarea deciziei sau de la notificarea sa reclamantului fie, în absența unei astfel de notificări, din ziua în care reclamantul a luat cunoștință de decizie. Băncile centrale naționale fac parte integrantă din SEBC și acționează în conformitate cu orientările și instrucțiunile BCE. Consiliul guvernatorilor ia măsurile necesare pentru a asigura respectarea orientărilor și instrucțiunilor BCE, și solicită să-i fie furnizate toate informațiile necesare. Băncile centrale naționale[21] pot îndeplini

---

[21] Banca Națională a României funcționează potrivit Legii nr. 312/2004 cu privire la statutul Băncii Naționale a României, M.Of. nr. 582 din 30 iunie 2994. Potrivit art. 2 din acest act normativ: "(1)Obiectivul fundamental al Băncii Naționale a României este asigurarea și menținerea stabilității prețurilor. (2)Principalele atribuții ale Băncii Naționale a României sunt: a) elaborarea și aplicarea politicii monetare și a politicii de curs de schimb; b) autorizarea, reglementarea și supravegherea prudențială a instituțiilor de credit, promovarea și monitorizarea bunei funcționări a sistemelor de plăți pentru asigurarea stabilității financiare; c) emiterea bancnotelor și a monedelor ca mijloace legale de plată pe teritoriul României; d) stabilirea regimului valutar și supravegherea respectării acestuia; e) administrarea rezervelor internaționale ale României. (3) Banca Națională a României sprijină politica economică generală a statului, fără prejudicierea îndeplinirii obiectivului său fundamental privind asigurarea și menținerea stabilității prețurilor." Cu privire la funcțiile băncii centrale a României a se vedea: Nadia-Cerasela Aniței, Roxana Elena Lazăr. *Drept bancar și valutar*, Ed. Universul Juridic, București, 2011, pp. 112-128; Rada Postolache. *Drept bancar*, Ed. C.H. Beck, București, 2012, pp. 20-39; Rada Postolache. *The competences of the National Bank of Romania regarding the authorization of credit institutions*, în volumul Sesiunii științifice „Societatea tehnologică și

şi alte funcţii în afara celor menţionate de prezentul statut, cu excepţia cazurilor în care Consiliul guvernatorilor decide, cu o majoritate de două treimi din voturile exprimate, că funcţiile respective interferează cu obiectivele şi misiunile SEBC. Aceste funcţii, pe care băncile centrale naţionale le exercită pe propria răspundere şi pe propriul risc, nu sunt considerate ca făcând parte din funcţiile SEBC.

4. Obligaţii de raportare. BCE întocmeşte şi publică rapoarte asupra activităţii SEBC cel puţin o dată pe trimestru. În fiecare săptămână se publică o situaţie financiară consolidată a SEBC. În conformitate cu articolul 284 alineatul (3) din Tratatul privind funcţionarea Uniunii Europene, BCE prezintă Parlamentului European, Consiliului şi Comisiei, precum şi Consiliului European un raport anual privind activitatea SEBC şi politica monetară din anul precedent şi din anul în curs. Rapoartele şi situaţiile menţionate de prezentul articol se pun la dispoziţia persoanelor interesate în mod gratuit.

5. Bancnotele. În conformitate cu articolul 128 alineatul (1) din Tratatul privind funcţionarea Uniunii Europene, Consiliul guvernatorilor este singurul împuternicit să autorizeze emisiunea de bancnote în euro în cadrul Uniunii. BCE şi băncile centrale naţionale pot emite asemenea bancnote. Bancnotele emise de BCE şi de băncile centrale naţionale sunt singurele care au statutul de mijloc legal de plată în cadrul Uniunii. BCE respectă, pe cât posibil, practicile existente în ceea ce priveşte emisiunea şi grafica bancnotelor.

---

informaţională – provocare a secolului XXI", Secţiunea IV, Globalizarea şi condiţia umană, Târgovişte 28-29 aprilie 2009, Editura Academiei Oamenilor de Ştiinţă din Romania, Bucureşti, 2009, vol. 1, nr. 2, pp. 177-188.

2.6. Funcţiile monetare şi operaţiunile SEBC

(art.17-24)

1. Conturi la BCE şi la băncile centrale naţionale (art.17). Pentru a-şi desfăşura operaţiunile, BCE şi băncile centrale naţionale pot deschide conturi pentru instituţiile de credit, pentru organismele publice şi pentru alţi participanţi pe piaţă şi pot accepta active drept garanţie, inclusiv titluri în formă dematerializată.

2. Operaţiunile de piaţă monetară şi de credit (art.18). Pentru a atinge obiectivele SEBC şi a-şi îndeplini misiunile, BCE şi băncile centrale naţionale pot: — să intervină pe pieţele financiare, fie prin operaţiuni simple de vânzare şi cumpărare (la vedere şi la termen) sau prin contracte de report, fie prin primirea sau acordarea de împrumuturi de creanţe şi instrumente tranzacţionabile exprimate în moneda euro sau în alte monede, precum şi de metale preţioase; — să desfăşoare operaţiuni de creditare cu instituţiile de credit şi cu alţi participanţi pe piaţă, pe baza unor garanţii corespunzătoare. BCE stabileşte principiile generale ale operaţiunilor de piaţă monetară şi de credit desfăşurate de ea însăşi sau de băncile centrale naţionale, inclusiv cele privind comunicarea condiţiilor în care acestea sunt dispuse să participe la aceste operaţiuni.

3. Rezervele minime obligatorii (art.19). Sub rezerva articolului 2, BCE este împuternicită să impună instituţiilor de credit stabilite în statele membre obligaţia constituirii de rezerve minime obligatorii la BCE şi la băncile centrale naţionale, în conformitate cu obiectivele de politică monetară. Consiliul guvernatorilor poate adopta regulamente privind calcularea şi determinarea rezervelor minime obligatorii. În cazul nerespectării acestei obligaţii, BCE are dreptul de a percepe dobânzi penalizatoare sau de a impune alte sancţiuni cu efect similar. În vederea aplicării prezentului articol, Consiliul defineşte, în conformitate cu procedura prevăzută la articolul 41, baza de calcul a rezervelor minime obligatorii şi raportul maxim admisibil dintre aceste rezerve şi baza lor de calcul, precum şi sancţiunile corespunzătoare în caz de nerespectare.

4. Alte instrumente de control monetar (art.20). Consiliul guvernatorilor poate hotărî, cu o majoritate de două treimi din voturile exprimate, să recurgă la alte metode operaţionale de control monetar pe care le consideră adecvate, cu respectarea articolului 2. În cazul în care aceste metode implică obligaţii pentru terţi, Consiliul stabileşte sfera lor de aplicare, în conformitate cu procedura prevăzută la articolul 41.

5. Operaţiunile cu organismele publice (art.21). În conformitate cu articolul 123 din Tratatul privind funcţionarea Uniunii Europene, se interzice BCE şi băncilor centrale naţionale să acorde credite pe descoperit de cont sau orice alt tip de facilitate de credit instituţiilor, organelor, oficiilor şi agenţilor Uniunii, administraţiilor centrale, autorităţilor regionale sau locale, celorlalte autorităţi publice, celorlalte organisme sau întreprinderi publice din statele membre; se interzice, de asemenea, cumpărarea de titluri de creanţă, direct de la acestea, de către BCE sau de către băncile centrale naţionale. BCE şi băncile centrale naţionale pot acţiona în calitate de agenţi fiscali pentru instituţiile menţionate la articolul 21.(1). Dispoziţiile prezentului articol nu se aplică instituţiilor publice de credit care, în contextul furnizării de lichidităţi de către băncile centrale, beneficiază, din partea băncilor centrale naţionale şi a BCE, de acelaşi tratament ca şi instituţiile private de credit.

6. Sistemele de compensare şi de plăţi (art.22). BCE şi băncile centrale naţionale pot acorda facilităţi, iar BCE poate adopta regulamente în vederea asigurării eficienţei şi solidităţii sistemelor de compensare şi de plăţi în cadrul Uniunii şi în raporturile cu ţările terţe.

7. Operaţiunile externe (art.23). BCE şi băncile centrale naţionale pot: — să stabilească relaţii cu băncile centrale şi instituţiile financiare din ţările terţe şi, în cazul în care este necesar, cu organizaţiile internaţionale; — să dobândească şi să vândă, la vedere sau la termen, orice tip de active valutare şi de metale preţioase. Termenul „active valutare" include titlurile şi toate celelalte active exprimate în moneda oricărei ţări sau în unităţi de cont, indiferent de forma în care sunt deţinute;— să deţină şi să administreze activele menţionate la prezentul articol; — sa desfăşoare toate tipurile de operaţiuni bancare cu ţările terţe şi cu organizaţiile internaţionale, inclusiv operaţiuni de împrumut şi credit.

8. Alte operaţiuni (art.24). În afara operaţiunilor care rezultă din misiunile lor, BCE şi băncile centrale naţionale pot desfăşura operaţiuni în scopuri administrative sau în beneficiul personalului acestora.

2.7. Dispoziţii financiare ale SEBC (art. 26-32)

1. Conturile financiare (art.26). Exerciţiul financiar al BCE şi al băncilor centrale naţionale începe în prima zi a lunii ianuarie şi se încheie în ultima zi a lunii decembrie. Conturile anuale ale BCE sunt întocmite de Comitetul executiv în conformitate cu principiile stabilite de Consiliul guvernatorilor. Conturile se aprobă de Consiliul guvernatorilor şi apoi se publică. În scopuri de analiză şi administrare, Comitetul executiv întocmeşte un bilanţ consolidat al SEBC, cuprinzând activele şi pasivele băncilor centrale naţionale care fac parte din SEBC.. În vederea aplicării prezentului articol, Consiliul guvernatorilor adoptă normele necesare standardizării procedurilor contabile și de raportare cu privire la operațiunile băncilor centrale naționale.

2. Auditul (art.27). Conturile BCE și ale băncilor centrale naționale sunt supuse auditării de auditori externi independenți, desemnați la recomandarea Consiliului guvernatorilor și agreați de Consiliu. Auditorii sunt pe deplin împuterniciți să examineze toate registrele și conturile BCE și ale băncilor centrale naționale, și să obțină toate informațiile privind operațiunile lor. Dispozițiile articolului 287 din Tratatul privind funcționarea Uniunii Europene se aplică numai cu privire la examinarea eficienței administrării BCE.

3. Capitalul BCE (art.28). Capitalul BCE este de 5 miliarde euro. Capitalul poate fi majorat, dacă este cazul, prin decizia Consiliului guvernatorilor hotărând cu majoritatea calificată menționată la articolul 10.3, în limitele și în condițiile stabilite de Consiliu în conformitate cu procedura prevăzută la articolul 41. Băncile centrale naționale sunt singurele autorizate să subscrie și să dețină capitalul BCE. Subscrierea capitalului se realizează potrivit grilei de repartiție stabilite în conformitate cu articolul 29. Consiliul guvernatorilor, hotărând cu majoritatea calificată menționată la articolul 10.3, stabilește cuantumul și modalitățile de vărsare a capitalului. Sub rezerva articolului 28.5, cotele băncilor centrale naționale din capitalul subscris al BCE nu pot fi cesionate, nu pot face obiectul garanțiilor reale mobiliare și nu pot fi supuse popririi/ sechestrului. În cazul în care grila de repartiție menționată la articolul 29 este ajustată, băncile centrale naționale transferă între ele cotele din capital corespunzătoare, astfel încât repartiția acestor cote să corespundă noii grile. Consiliul guvernatorilor stabilește modalitățile și condițiile de transfer.

4. Grila de repartiţie pentru subscrierea capitalului (art.29). Grila de repartiţie pentru subscrierea capitalului BCE, stabilită pentru prima dată în 1998 cu ocazia instituirii SEBC, se determină prin atribuirea unei ponderi în această grilă fiecărei bănci centrale naţionale, egală cu suma a: — 50 % din cota pe care statul membru respectiv o deţine în cadrul populaţiei Uniunii în penultimul an dinaintea înfiinţării SEBC; — 50 % din cota pe care statul membru respectiv o deţine din produsul intern brut al Uniunii la preţurile pieţei, aşa cum a fost înregistrat pe durata ultimilor cinci ani care au precedat penultimul an dinaintea înfiinţării SEBC. Procentele se rotunjesc în sus sau în jos până la cel mai apropiat multiplu de 0,0001 %. Datele statistice necesare aplicării prezentului articol sunt furnizate de Comisie în conformitate cu normele adoptate de Consiliu, potrivit procedurii menţionate la articolul 41. Ponderile atribuite băncilor centrale naţionale se ajustează la fiecare cinci ani după înfiinţarea SEBC, prin analogie cu dispoziţiile articolului 29.1. Grila de repartiţie ajustată se aplică din prima zi a anului următor. Consiliul guvernatorilor ia orice alte măsuri necesare pentru aplicarea prezentului articol.

5. Transferul activelor din rezervele valutare la BCE (art.30). Fără a aduce atingere dispoziţiilor articolului 28, băncile centrale naţionale pun la dispoziţia BCE active din rezervele valutare, altele decât monedele statelor membre, euro, poziţii de rezervă la FMI şi DST, până la echivalentul sumei de 50 de miliarde euro. Consiliul guvernatorilor decide asupra cotei care poate fi solicitată de BCE după înfiinţarea acesteia, precum şi asupra sumelor solicitate ulterior. BCE are dreptul deplin de a deţine şi a administra activele din rezervele valutare care i-au fost transferate şi de a le utiliza în scopurile prevăzute de prezentul statut. Contribuţia fiecărei bănci centrale naţionale se stabileşte proporţional cu cota sa din capitalul subscris al

BCE. BCE creditează fiecărei bănci centrale naționale o creanță echivalentă cu contribuția sa. Consiliul guvernatorilor stabilește valoarea nominală și remunerarea acestor creanțe. BCE poate solicita active suplimentare din rezervele valutare, în conformitate cu articolul 30.2, dincolo de limita stabilită la articolul 30.1, în limitele și potrivit condițiilor stabilite de Consiliu în conformitate cu procedura prevăzută la articolul 41. BCE poate deține și administra poziții de rezervă la FMI, precum și DST, și poate să accepte cumularea (pooling) acestor active. Consiliul guvernatorilor ia orice alte măsuri necesare pentru aplicarea prezentului articol.

6. Active din rezervele valutare deținute de băncile centrale naționale (art.31). Băncile centrale naționale sunt autorizate să desfășoare operațiuni în vederea îndeplinirii obligațiilor lor față de organizațiile internaționale în conformitate cu articolul 23. Toate celelalte operațiuni cu activele din rezervele valutare care rămân la băncile centrale naționale după transferurile menționate la articolul 30 și tranzacțiile statelor membre cu fondurile lor de rulment în valută, peste o anumită limită care urmează să fie stabilită în cadrul articolului 31.3, sunt supuse autorizării de către BCE, pentru a asigura coerența cu politica de curs de schimb și politica monetară a Uniunii. Consiliul guvernatorilor adoptă orientări cu scopul de a facilita aceste operațiuni.

7. Repartizarea veniturilor monetare ale băncilor centrale naționale (art.32). Venitul acumulat de băncile centrale naționale ca urmare a exercitării funcției de politică monetară a SEBC, denumit în continuare „venit monetar", este repartizat la sfârșitul fiecărui exercițiu financiar în conformitate cu prezentul articol. Valoarea venitului monetar al fiecărei bănci centrale naționale este egală cu venitul anual al acesteia obținut din activele deținute în contrapartidă cu bancnotele aflate în circulație și cu depozitele constituite de instituțiile de credit. Aceste active sunt identificate de băncile centrale naționale în conformitate cu orientările stabilite de Consiliul guvernatorilor. În cazul în care, după introducerea monedei euro, Consiliul guvernatorilor consideră că structura bilanțurilor băncilor centrale naționale nu permite aplicarea art. 32 pct. (2), acesta poate decide, cu majoritate calificată, că, prin derogare de la art. 32 pct. (2), venitul monetar trebuie să fie calculat după o altă metodă pe parcursul unei perioade de cel mult cinci ani. Din cuantumul venitului monetar al fiecărei bănci centrale naționale se scade o sumă echivalentă cu dobânda plătită de respectiva bancă centrală pentru depozitele constituite de instituțiile de credit în conformitate cu art. 19. Consiliul guvernatorilor poate decide să compenseze băncile centrale naționale pentru costurile suportate cu ocazia emisiunii de bancnote sau, în situații excepționale, pentru pierderile specifice rezultate din operațiunile de politică monetară desfășurate în contul SEBC. Compensarea ia forma pe care Consiliul guvernatorilor o consideră corespunzătoare; aceste sume pot fi compensate cu venitul monetar al băncilor centrale naționale. Suma veniturilor monetare ale băncilor centrale naționale se repartizează între acestea proporțional cu cotele vărsate la capitalul BCE, sub rezerva oricărei alte decizii luate de Consiliul guvernatorilor în conformitate cu art. 33 pct.(2). Compensarea și decontarea soldurilor care provin din repartizarea venitului monetar se efectuează de BCE în conformitate cu orientările stabilite de Consiliul guvernatorilor. Consiliul guvernatorilor adoptă orice alte măsuri necesare pentru aplicarea acestui art. 32.

3. BANCA CENTRALĂ EUROPEANĂ

3.1. Precizări prealabile

Cel mai important pas în procesul european de integrare l-a reprezentat adoptarea noii monede unice europene, începând cu anul 2002. Se ştie că introducerea monedei unice europene a fost precedată însă de sistemul ratelor de schimb fixe. Teoria economică stauează că în sistemul ratelor de schimb fixe este imperativ necesar ca interesele naţionale ale statelor membre, participante la acest mecanism să fie relativ identice, din punct de vedere al maturităţii, riscului şi lichidităţii[22]. Necesitatea îndeplinirii acestor condiţii se păstrează şi în prezent, chiar dacă sistemul anterior menţionat a fost, din punct de vedere temporal, depăşit.

În tot acest sistem, rolul principal a revenit şi revine, în continuare, Băncii Centrale Europene. Ţintele calitative urmărite prin intermediul acestei instituţii rezidă în cei trei mari zero: zero şomaj, zero inflaţie şi zero deficit structural, neîndeplinite până în prezent. În literatura de specialitate se apreciază că, întocmai ca în cazul celorlalte instituţii create pentru a însoţi procesul de integrare europeană, şi Banca Centrală Europeană a fost „rezultatul unor dezacorduri naţionale şi a compromisului politic"[23], fiind „noul Leviathan european"[24].

---

[22] A. Volbert, P. Anker. Fiscal discipline and the question of convergence of national interest rates in the European Union în Open Economies Review no. 8/1997, p. 335.

[23] Begg D., Grauwe P., *The ECB: safe at any speed*, Editura Centre for Economic Policy Research, Londra, 1998, p. XI.

[24] Howarth D., Loedel P., The European Central Bank. The new European Leviathan; Editura Antony Rowe Ltd., 2003, p. XI.

Banca Centrală Europeană (BCE) este o instituție tânără, caracterizată prin multinaționalitate, a cărei politici au o largă relevanță, din punct de vedere geografic, având autonomie organizațională și financiară[25].

BCE este banca de emisiune a monedei unice europene, având ca principală misiune asigurarea stabilității euro, dar, totodată, menținerea stabilității prețurilor exprimate în moneda unică în interiorul eurolandului, în condițiile în care prezervarea unei anumite stabilități a prețurilor reprezintă o condiție necesară pentru a asigura creștere economică. BCE reprezintă un moment important și prin prisma cedării de către statele membre participante la euro a unei părți importante a suveranității lor monetare către instituția supranațională, europeană – BCE. Abilitatea de a manevra aspectele naționale și internaționale ale politicilor monetare naționale ale statelor membre U.E. reprezintă elementul cheie pentru dezvoltarea BCE.

În aparență, rolul BCE este limitat la politica monetară. În realitate, aceasta influențează, în egală măsură: politica fiscală și politica bugetară. Totuși, ca element relativ nou pe scena europeană, BCE a reușit să facă față provocărilor induse de criza economică actuală, deși i-a lipsit experiența instituțională, strategia și instrumentele necesare și consolidate în cazul altor bănci centrale, tradiționale.

Din păcate, politica monetară este un domeniu care nu suscită interesul cetățenilor europenei, deși sintagma este des uzitată, înțelegerea fenomenului este departe de a fi apropriată. Un studiu efectuat la nivelul anului 2009 în una dintre cele mai evoluate economii europene – Germania – evidențiază un nivel redus de interes și de informații legate de politica monetară

---

[25] Constanța, Mătușescu, *Drept instituțional al Uniunii Europene*, Editura Pro Universitaria, București, 2013, p. 259.

condusă de BCE. Motivul nivelului redus de informaţii se datorează lipsei de interes atât din partea cetăţenilor europeni, cât şi din partea canalelor media, care nu promovează astfel de informaţii. În literatura de specialitate[26] se apreciază importanţa crucială a faptului ca publicul să înţeleagă atribuţiile autorităţilor monetare, tocmai datorită faptului că publicul conferă legitimitatea democratică a acestei instituţii. Totodată, existenţa unui nivel de cunoştinţe suficient privind politica monetară condusă de BCE are efecte pe plan economic, cetăţenii care dovedesc a avea astfel de cunoştinţe având posibilitatea reală de a aprecia inflaţia, altfel spus creşterea viitoare a preţurilor, importantă în luarea deciziilor financiare la nivelul fiecărei familii.

Dacă BCE este reponsabilă pentru procesul decizional în ceea ce priveşte politica monetară europeană, în continuare revine statelor membre obligaţia implementării acestei politici. Înţelegerea acestei politici este importantă şi prin prisma deciziilor luate la nivelul BCE în perioada imediat următoare falimentului declarat al Lehman Brothers Holdings Inc. din septembrie 2008. BCE a urmărit menţinerea funcţionalităţii pieţei financiare prin diminuarea ratei dobânzii.

3.2. Delimitări conceptuale

Potrivit art. 282 din Tratatul privind funcţionarea UE Banca Centrală Europeană şi băncile centrale naţionale constituie Sistemul European al Băncilor Centrale ("SEBC"). Banca Centrală Europeană şi băncile centrale naţionale ale statelor membre a căror monedă este euro, care constituie Eurosistemul, conduc politica monetară a Uniunii. (alin.1) EBC

---

[26] Cruijsen C., Jansen D., Haan J., How much does the public know about the ECB's monetary policy? în Working Paper Series no. 1265/November 2010, Editura ECB, p. 27.

este condus de organele de decizie ale Băncii Centrale Europene. Obiectivul principal al SEBC îl reprezintă menţinerea stabilităţii preţurilor. Fără a aduce atingere acestui obiectiv, SEBC sprijină politicile economice generale în cadrul Uniunii pentru a contribui la realizarea obiectivelor acesteia. (alin.2) Banca Centrală Europeană are personalitate juridică. Aceasta este singura abilitată să autorizeze emisiunea de monedă euro. Aceasta este independentă în exercitarea competenţelor şi în administrarea finanţelor sale. Instituţiile, organele, oficiile şi agenţiile Uniunii, precum şi guvernele statelor membre, respectă această independenţă. (alin 3) Banca Centrală Europeană adoptă măsurile necesare îndeplinirii misiunilor sale în conformitate cu articolele 127-133 şi cu articolul 138 şi în condiţiile prevăzute în Statutul SEBC şi al BCE. Statele membre a căror monedă nu este euro, precum şi băncile lor centrale, îşi păstrează competenţele în domeniul monetar, în conformitate cu articolele menţionate. (alin.4) În domeniile în care are atribuţii, Banca Centrală Europeană este consultată asupra oricărui proiect de act al Uniunii, precum şi asupra oricărui proiect de reglementare la nivel naţional şi poate emite avize."(alin5)

Observăm că există o delimitare conceptuală între noţiunea de „Banca Centrală Europeană" şi conceptele de „Eurosistem" şi „Sistemul European al Băncilor Centrale (SEBC)". Deci, BCE este atât parte a Eurosistemului, cât şi parte integrantă a Sistemului European al Băncilor Centrale.

Astfel, Eurosistemul reprezintă grupul băncilor centrale, care include BCE şi băncile centrale ale statelor membre U.E. care au introdus moneda unică europeană.

Sistemul European al Băncilor Centrale (SEBC) reprezintă grupul băncilor centrale, care include BCE, băncile centrale ale statelor membre U.E. care au introdus moneda euro, precum şi băncile centrale ale statelor membre U.E. care nu au introdus moneda euro.

3.3. Înfiinţarea Băncii Centrale Europene

Istoria BCE este legată de Tratatul de la Maastricht şi de instituirea Uniunii Economice şi Monetare. Voinţa politică şi dreptul economic stau la baza instituirii monedei unice europene şi, implicit, a BCE. Modelul adoptat pentru BCE l-a reprezentat banca centrală a Germaniei Bundesbank, care se bucura de încredere atât la nivel european, cât şi la nivel internaţional.

Momentul iniţial al Băncii Centrale Europene este reprezentat de 1 iunie 1998. În cele şapte luni care au urmat acestei date, Banca Centrală Europeană a efectuat măsurile premergătoare pentru înlocuirea monedelor naţionale ale Statelor Membre U.E. cu moneda unică europeană şi, totodată, a dezvoltat politica monetară necesară înlocuirii anterior menţionate.

Aceeaşi dată (1 iunie 1998) marchează începutul Sistemului European al Băncilor Centrale, denumire cuprinzătoare, desemnând pe lângă Banca Centrală Europeană, toate celelalte bănci centrale ale statelor membre U.E.

Pornind de la faptul că principala atribuţie a oricărei bănci centrale, la nivel mondial, constă în elaborarea politicii monetare proprii statului suveran de care aparţine, firesc, Banca Centrală Europeană a preluat această principală atribuţie, de la fiecare dintre băncile centrale ale statelor membre ale zonei euro, suscitând discuţii din punct de vedere al suveranităţii monetare şi fiscale pentru statele care au abandonat propria politică monetară în favoarea politicii monetare europene, condusă de Banca Centrală Europeană. Aceasta deoarece, după cum se ştie, banca centrală, în general, este instituţia care elaborează politicile macroeconomice în cadrul unei anumite economii[27]; extrapolând BCE creează politica macroeconomică pentru statele membre ale zonei euro. Pe cale de consecinţă, BCE are un cuvânt greu de spus în ceea ce priveşte rata creşterii economice, rata inflaţiei, respectiv rata şomajului.

Indubitabil, discuţiile ar fi fost mai mult de formă, dacă euro şi-ar fi atins ţelul propus şi s-ar fi dovedit o contrapondere reală pentru dolarul american. Eşecul actual, pe fondul crizei economice prezente pun sub semnul întrebării succesul unei politice monetare unice, conduse de la nivel central european.

3.4. Sediul materiei

Tratatul instituind Comunitatea Economică Europeană Statutul Sistemului European al Băncilor Centrale şi al Băncii Centrale Europene reglementează cele două instituţii.

Astfel, art. 8 din Tratatul instituind Comunitatea Economică Europeană instituie atât Sistemul European al Băncilor Centrale, cât şi Banca Centrală Europeană. Tratatul detaliază rolul BCE, obiectivele, modul de organizare şi funcţionarea al celor două instituţii fiind evidenţiate în Statut.

Totodată, vom recurge şi la clarificare terminologică, făcând diferenţierea dintre Sistemul European al Băncilor Centrale (SEBC) şi BCE. Astfel, SEBC cuprinde BCE şi băncile centrale naţionale. BCE şi băncile centrale naţionale ale statelor ce au adoptat euro alcătuiesc Eurosistemul. În ipoteza în care toate statele membre U.E. adoptă moneda unică, atunci Sistemul European al Băncilor Centrale şi Eurosistemul vor fi noţiuni identice[28].

---

[27] Kaltenthaler K., *Policymaking in the European Central Bank*, Editura Rowman & Littlefield, Maryland, 2006, p. 4.

[28] Haan J., Eijjfinger S., *The European Central Bank, credibility, transparency and centralization*, Ed. CES Book Series, Massachusetts, 2005, p. 10.

Dispozițiile referitoare la Banca Centrală Europeană le găsim în Titlul III intitulat *Dispoziții privind insituțiile* (art. 13-19) *din Tratatul privind UE* și în *Tratatul privind funcționarea UE* (art. 282-284) și în Protocolul (NR. 4) privind *Statutul Sistemului European al Băncilor Centrale și al Bancii Centrale Europene.*

3.5. Principii

Întreaga activitate a BCE este supusă principiului independenței politice; acesta înseamnă că în exercitarea atribuțiilor sale BCE nu se va supune nici unei instrucțiuni provenind de la oricare dintre instituțiile U.E. ori de la guvernele statelor membre, parlamentele acestora ori grupurilor de interese.

Din prevederile art. 127 din Tratatul de la Maastricht rezultă, în mod explicit, principiul descentralizării și alocării prerogativelor de supraveghere prudențială a instituțiilor de credit băncilor centrale naționale. Numai prin excepție, hotărând în unanimitate, Consiliul European, după consultarea Parlamentului European și a Băncii Centrale Europene, poate încredința BCE supravegherea prudențială a instituțiilor de credit și a altor instituții financiare.

Independența BCE trebuie înțeleasă în contextul noțiunii de răspundere juridică. Independența BCE este importantă prin prisma performanțelor economice, în timp ce răspunderea BCE trebuie integrată în conceptul democrației europene.

3.6. Statutul Băncii Centrale Europene

BCE nu este o instituție comunitară[29], cum este cazul Comisiei Europene, Consiliului Uniunii Europene,

---

[29] Wendler M., Tremml B., *Key aspects of German Business Law*, Fourth Edition, Ed. Springer, 2009, p. 366.

Parlamentului European, Curții Europene de Justiție ori Curții Europene de Consturi. BCE are personalitate juridică, conform dreptului internațional public, putând dobândi și, respectiv, înstrăina mobile și imobile, având capacitatea de a sta, ca parte, în instanță, dar neputând fi influențată, în luarea deciziilor, de celelalte instituții comunitare ori de către guvernele statelor membre U.E. Înțeleasă astfel, BCE are rolul unei bănci centrale independente, condiție esențială pentru o rată a inflației scăzută și, totodată, stabilă.

Potrivit art. 9 din Protocolul (NR. 4) privind *Statutul Sistemului European al Băncilor Centrale și al Bancii Centrale Europene* „BCE care, în conformitate cu articolul 282 alineatul (3) din Tratatul privind funcționarea Uniunii Europene, are personalitate juridică, se bucură în fiecare din statele membre de capacitatea juridică cea mai largă, recunoscută persoanelor juridice prin legislația internă; BCE poate în special să dobândească sau să înstrăineze bunuri mobile și imobile și să stea în justiție. (9.1) BCE se asigură ca misiunile conferite SEBC în conformitate cu articolul 127 alineatele (2), (3) și (5) din tratatul menționat să fie îndeplinite prin propriile sale activități, în conformitate cu prezentul statut, sau prin intermediul băncilor centrale naționale, în conformitate cu articolele 12.1. și 14. (9.2). În conformitate cu articolul 129 alineatul (1) din tratatul menționat, organele de decizie ale BCE sunt Consiliul guvernatorilor și Comitetul executiv." (9.3.)

BCE este responsabilă pentru rezultatul politicii monetare europene, asigurându-și independența în condițiile în care există tentația fiecăruia dintre băncile statelor membre ale zonei euro de a-și urmări, din punct de vedere economic, interesele naționale proprii.

Capitalul subscris al BCE este alcătuit de fiecare dintre băncile centrale naționale ale statelor membre, fiecare dintre acestea având o anumită pondere în grila de repartiție. La nivelul anului 2010 capitalul social subscris, în proporție de 69,9705 % aparținea statelor membre zonei euro, iar restul (30,0295 %) revenea statelor membre U.E. care nu au adoptat moneda unică europeană.

Constatăm că, în fapt, contributoarele nete la bugetul U.E. (Germania și Franța) contribuie masiv la capitalul social subscris al BCE. Profitul, dar și pierderile BCE au destinația stabilită prin art. 33 din Statutul SEBC și BCE. Astfel, în caz de profit, o sumă de maxim 20% din profitul net are ca destinației fondul general de rezervă în limita a 100% din capital, urmând ca restul să fie distribuit către acționarii BCE în raport de cotele de capital vărsate. În ceea ce privește pierderea, aceasta se acoperă din fondul general de rezervă, iar dacă acesta nu este acoperitor, din veniturile monetare aferente exercițiului final respectiv.

Alături de statele membre U.E. participante la zona euro, la capitalul social subscris al BCE participă și statele membre U.E. neparticipante la zona euro.

Constatăm că o parte dintre băncile centrale ale statelor non-membre ale zonei euro au stabilită o contribuție mai mare sau egală cu a unor bănci centrale ale statelor membre care au adoptat moneda euro (contribuția Băncii Centrale a Angliei o echivalează pe cea a Germaniei sau contribuția Băncii Naționale a României o depășește pe cea a Băncii Naționale a Belgiei), dar spre deosebire de acestea din urmă nu participă nici la împărțirea eventualelor beneficii, nici la partajarea eventualelor pierderi.

3.7. Obiectivele și funcțiile Băncii Centrale Europene

Articolele 2 și 3 din Statutul *Sistemului European al Băncilor Centrale și al Băncii Centrale Europene* definesc obiectivele și misiunea BCE, funcțiile BCE (principale și consultative).

Obiectivul principal al BCE este reprezentat de stabilitatea prețurilor, cu respectarea politicilor economice comune ale Uniunii Europene (economia de piață deschisă, în care este promovată libera concurență și alocarea eficientă a resurselor).

Alăturat stabilității prețurilor, BCE se concentrează pe o politică care să mențină inflația în statele membre ale zonei euro sub pragul de 2% pe termen mediu. Acest obiectiv este important pentru menținerea stabilității prețurilor și pentru asigurarea stabilității financiare a statelor membre ale zonei euro. Datele din perioada 1999-2008 indică o poziționare a statelor membre ale zonei euro în ceea ce privește inflația la o medie 1%, cu diferențieri în ceea ce privește aceste state, astfel încât o parte dintre acestea sunt în top (inflația atingând cote cuprinse între 1% și 2%: Irlanda, Spania, Grecia, Portugalia), iar altele se află la limita inferioară, inflația situându-se mult sub media europeană (Germania cu – 0,99% și Austria având – 0,52%)[30].

Și stabilitatea financiară este măsurată cu o serie de indicatori, care urmăresc monitorizarea riscurilor și vulnerabilităților sistemul financiar, cu precădere a sistemului bancar, acordând însă importanță și celorlalte sectoare macroeconomice, descriind practic mediul operațional al instituțiilor financiare. Acești indicatori se referă la: structura veniturilor, structura costurilor, gradul de eficiență, gradul de profitabilitate și adecvarea capitalului.

Deși este dificilă operațiunea de definire a „stabilității financiare", pornind de la opinia BCE[31], precizăm că

---

[30] Haan J., Berger H., *The European Central Bank at ten,* Editura Springer, 2010, p. 13.
[31] Agresti A.M., Baudino P., Poloni P., *The ECB and IMF indicators for the macro-prudential analysis of the banking sector* în „Ocasional Paper Series" no. 9/november 2008, Editura ECB, p. 12.

stabilitatea financiară reprezintă o condiţie a sistemului financiar (alcătuit din piaţa financiară, infrastructura acestei pieţe şi intermediarii financiari), în baza căruia acesta este capabil să reziste şocurilor şi dezechilibrelor financiare, pe cale de consecinţă, fiind redus riscul de perturbări ale sistemului de intermediere financiară şi de alocare profitabilă a economiilor.

Multitudinea sistemelor financiare care alcătuiesc sistemul financiar european este de natură să particularizeze stabilitatea sistemului financiar în U.E.

Funcţiile principale ale BCE vizează atribuţiile principale ale oricărei bănci centrale: definirea şi implementarea politicii monetare comunitare. BCE elaborează politica monetară a statelor membre ale zonei euro din ianuarie 1999. Politica monetară a BCE este bazată pe credibilitatea crescută a BCE. În definirea politicii monetare a BCE, Consiliul Guvernatorilor are dreptul exclusiv de a autoriza emisiunea de bancnote euro, emiterea lor aparţinând BCE dar şi băncilor naţionale din zona euro.

Anual, numărul bancnotelor euro este în creştere. Astfel, dacă în anul 2010 erau în circulaţie 14,2 miliarde bancnote, în anul 2011 numărul lor crescuse la 14,9 miliarde bancnote.

Tabel 3. Ritmul anual de creştere cantitativă a
bancnotelor euro în anul 2011

Tip Bancnotă Euro	Ritm de creştere anuală, raportat la anul 2011
Bancnota de 5 euro	3%
Bancnota de 10 euro	3%
Bancnota de 20 euro	3%
Bancnota de 50 euro	8,9%
Bancnota de 100 euro	6,4%
Bancnota de 500 euro	4,1%

Sursa: Raportul BCE pentru anul 2011, disponibil la
http://www.ecb.europa.eu/pub/pdf/annrep/ar2011ro.pdf
(accesat la 14.09.2012), p. 102.

Dintre bancnotele euro, cea mai uzitată, aşadar cea mai des regăsită în emisiunile euro este bancnota de 50 euro. Aproximativ un sfert din numărul total al bancnotelor euro se regăseşte în afara zonei euro, în statele europene din imediata apropiere, utilizată, în principal, ca mijloc de tezaurizare.

Mijloacele de protecţie sporite luate cu privire la bancnotele euro explică un număr relativ mic de bancnote euro falsificate. În topul bancnotelor falsificate se menţin cele de 20 şi 50 euro. În total, la nivelul anului 2011, au fost găsite 606.000 bancnote euro falsificate.

Funcţiile consultative ale BCE le regăsim ori de câte ori vorbim despre o reglementare comunitară ce vizează competenţa sa, dar şi în situaţia în care i se solicită opinia în chestiuni ce o vizează, în forma unor răspunsuri la întrebări formulate de instituţii comunitare sau de către autorităţi naţionale. Aşadar, BCE adoptă avize privind proiectele legislative ale U.E., dar şi avize privind proiectele legislative naţionale din sfera sa de competenţă.

3.8. Organele de decizie ale Băncii Centrale Europene

BCE are ca organe de decizie:
1. Consiliul Guvernatorilor;
2. Comitetul Executiv;
3. Consiliul General.

Activitatea BCE este guvernată de Regulamentul de procedură al BCE.

1. Consiliul Guvernatorilor

Sediul juridic al dispoziţiilor referitoare la Consiliul Guvernatorilor se află în art 283 din *Tratatul privind funcţionarea UE* şi în Art 10 din Protocolul (NR. 4) privind *Statutul Sistemului European al Băncilor Centrale şi al Bancii Centrale Europene.*

Art. 283 alin. 1 din *Tratatul privind funcţionarea UE* dispune „(1) Consiliul guvernatorilor Băncii Centrale Europene este constituit din membrii Comitetului executiv al Băncii Centrale Europene şi din guvernatorii băncilor centrale naţionale ale statelor membre a căror monedă este euro. (alin.1)

În conformitate cu articolul 283 alineatul (1) din Tratatul privind funcţionarea Uniunii Europene, Consiliul guvernatorilor este format din membrii Comitetului executiv şi guvernatorii băncilor centrale naţionale ale statelor membre a căror monedă este euro.

Fiecare membru al Consiliului guvernatorilor dispune de un vot. Începând cu data de la care numărul membrilor Consiliului guvernatorilor depăşeşte douăzeci şi unu, fiecare membru al Comitetului executiv dispune de un vot, iar numărul guvernatorilor cu drept de vot este de cincisprezece.

Aceste drepturi de voturi se repartizează și se exercită prin rotație după cum urmează:

— începând cu data de la care numărul guvernatorilor depășește cincisprezece și până când acesta ajunge la douăzeci și doi, guvernatorii sunt repartizați în două grupuri, conform unui clasament în funcție de mărimea cotei deținute de statul membru căruia îi aparține banca centrală națională din produsul intern brut total la prețul pieței și din bilanțul agregat total al instituțiilor financiare monetare ale statelor membre a căror monedă este euro. Cotelor din produsul intern brut total la prețul pieței și din bilanțul agregat total al instituțiilor financiare monetare le sunt atribuite ponderi de 5/6 și, respectiv, de 1/6 . Primul grup este format din cinci guvernatori, iar cel de-al doilea din restul guvernatorilor. Frecvența exercitării drepturilor de vot ale guvernatorilor din primul grup nu este mai mică decât cea a exercitării drepturilor de vot ale guvernatorilor din cel de-al doilea grup. Sub rezerva tezei anterioare, primului grup i se atribuie patru voturi, iar celui de-al doilea i se atribuie unsprezece voturi;

— începând cu data la care numărul guvernatorilor ajunge la douăzeci și doi, guvernatorii sunt repartizați în trei grupuri, în funcție de un clasament care se bazează pe criteriile menționate anterior. Primul grup este format din cinci guvernatori și i se atribuie patru voturi. Al doilea grup este format din jumătate din numărul total al guvernatorilor, orice fracțiune fiind rotunjită în sus până la numărul întreg cel mai apropiat și i se atribuie opt voturi. Al treilea grup este format din ceilalți guvernatori și i se atribuie trei voturi;— în cadrul fiecărui grup, guvernatorii dispun de dreptul de vot pentru perioade egale de timp;

— pentru calcularea cotelor din produsul intern brut total la prețul pieței, se aplică articolul 29.2. Bilanțul agregat total al instituțiilor financiare monetare se calculează în conformitate cu cadrul statistic aplicabil în Uniune la data efectuării calculului;

— de fiecare dată când produsul intern brut total la preţul pieţei se ajustează în conformitate cu articolul 29.3, sau de fiecare dată când numărul guvernatorilor creşte, mărimea şi/sau structura grupurilor se adaptează în conformitate cu principiile menţionate anterior;

— Consiliul guvernatorilor, hotărând cu o majoritate de două treimi din numărul total al membrilor săi, cu sau fără drept de vot, ia toate măsurile necesare pentru punerea în aplicare a principiilor menţionate anterior şi poate decide amânarea utilizării sistemului de rotaţie până la data la care numărul de guvernatori depăşeşte optsprezece.

Dreptul de vot se exercită personal. Prin derogare de la această normă, regulamentul intern menţionat la articolul 12.3 poate să prevadă că membrii Consiliului guvernatorilor îşi pot exercita dreptul de vot prin intermediul teleconferinţei. De asemenea, regulamentul prevede că un membru al Consiliului guvernatorilor care nu poate participa la reuniunile acestui Consiliu pe o perioadă îndelungată, poate desemna un supleant în calitate de membru al Consiliului guvernatorilor.

Dispoziţiile alineatelor anterioare nu aduc atingere dreptului de vot al tuturor membrilor Consiliului guvernatorilor, cu sau fără drept de vot, în conformitate cu articolele 10.3, 40.2 şi 40.3.

Cu excepţia cazului în care se prevede altfel în prezentul statut, Consiliul guvernatorilor hotărăşte cu majoritatea simplă a membrilor cu drept de vot. În caz de egalitate, preşedintele are votul decisiv.

Cvorumul necesar pentru ca Consiliul guvernatorilor să poată vota este de două treimi din membrii cu drept de vot. În cazul în care cvorumul nu este întrunit, preşedintele poate convoca o ședință extraordinară în cadrul căreia deciziile pot fi luate indiferent de cvorum.

Pentru toate deciziile care trebuie luate în temeiul articolelor 28, 29, 30, 32 și 33, voturile membrilor Consiliului guvernatorilor sunt ponderate în funcție de cotele pe care băncile centrale naționale le dețin în capitalul subscris al BCE. Ponderea voturilor membrilor Comitetului executiv este egală cu zero. O decizie care necesită o majoritate calificată se consideră adoptată în cazul în care voturile favorabile exprimate reprezintă cel puțin două treimi din capitalul subscris al BCE și cel puțin jumătate din acționari. În cazul în care un guvernator nu poate fi prezent, acesta poate desemna un supleant pentru a exprima votul său ponderat.

Reuniunile sunt confidențiale. Consiliul guvernatorilor poate decide să facă public rezultatul deliberărilor sale.

Consiliul guvernatorilor se întrunește de cel puțin zece ori pe an."

Consiliul Guvernatorilor este cel mai important organ de decizie al BCE și este format din membrii Comitetului Executiv și din guvernatorii băncilor centrale ale statelor membre ale zonei euro și se întrunește de minim zece ori pe an.

Consiliului Guvernatorilor adoptă decizii și se ocupă de punerea în aplicare a deciziilor privind: definirea politicii monetare a U.E.; obiectivele monetare intermediare; ratele dobânzilor de referință; constituirea rezervelor SEBC.

Fiecare dintre membrii Consiliului Guvernatorilor dispune de un vot, care se exercită: personal, prin intermediul teleconferinței, conform Regulamentului intern al BCE, printr-un membru supleant, atunci când membrul Consiliului Guvernatorilor nu îl poate exercita personal o lungă perioadă de timp.

Modul în care se votează, dar şi greutatea voturilor exprimate sunt reglementate detaliat în art. 10 pct. 10.2 din Statut. Astfel, începând cu data de la care numărul membrilor Consiliului guvernatorilor depăşeşte douăzeci şi unu, fiecare membru al Comitetului executiv dispune de un vot, iar numărul guvernatorilor cu drept de vot este de cincisprezece. Aceste drepturi de voturi se repartizează şi se exercită prin rotaţie după cum urmează: — începând cu data de la care numărul guvernatorilor depăşeşte cincisprezece şi până când acesta ajunge la douăzeci şi doi, guvernatorii sunt repartizaţi în două grupuri, conform unui clasament în funcţie de mărimea cotei deţinute de statul membru căruia îi aparţine banca centrală naţională din produsul intern brut total la preţul pieţei şi din bilanţul agregat total al instituţiilor financiare monetare ale statelor membre a căror monedă este euro. Cotelor din produsul intern brut total la preţul pieţei şi din bilanţul agregat total al instituţiilor financiare monetare le sunt atribuite ponderi de 5/6 şi, respectiv, de 1/6 . Primul grup este format din cinci guvernatori, iar cel de-al doilea din restul guvernatorilor. Frecvenţa exercitării drepturilor de vot ale guvernatorilor din primul grup nu este mai mică decât cea a exercitării drepturilor de vot ale guvernatorilor din cel de-al doilea grup. Sub rezerva tezei anterioare, primului grup i se atribuie patru voturi, iar celui de-al doilea i se atribuie unsprezece voturi; — începând cu data la care numărul guvernatorilor ajunge la douăzeci şi doi, guvernatorii sunt repartizaţi în trei grupuri, în funcţie de un clasament care se bazează pe criteriile menţionate anterior. Primul grup este format din cinci guvernatori şi i se atribuie patru voturi. Al doilea grup este format din jumătate din numărul total al guvernatorilor, orice fracţiune fiind rotunjită în sus până la numărul întreg cel mai apropiat şi i se atribuie opt voturi. Al treilea grup este format din ceilalţi guvernatori şi i se atribuie trei voturi.

Sistemul de vot prin rotație explică votul prin rotație al băncilor centrale naționale, în funcție de mărimea lor economică.

Hotărârile se iau cu majoritatea simplă a membrilor cu drept de vot, în caz de egalitate președintele având votul decisiv. Ședința este legal constituită cu prezența a două treimi dintre membrii cu drept de vot. Neîntrunirea cvorumului legal dă dreptul președintelui de a convoca o ședință extraordinară, de această dată deciziile putând fi luate indiferent de cvorum.

La ședințele Consiliului Guvernatorilor participă membrii acestuia, președintele Consiliului Uniunii Europene și un membru al Comisiei U.E. Ședințele Consiliului Guvernatorilor au caracter confidențial, dar Consiliul Guvernatorilor poate decide să facă public rezultatul deliberărilor sale. Recunoașterea posibilității de a face public rezultatul deliberărilor Consiliului Guvernatorilor este legată de necesitatea existenței unei anumite transparențe bancare centrale, în contextul în care politica monetară unitară a statelor membre ale zonei euro trebuie înțeleasă prin prisma intereselor naționale prezente prin vocea membrilor Consiliului Guvernatorilor. Din această perspectivă, înțelegem posibilitatea de opțiune a membrilor de a face cunoscut sau nu rezultatul deliberărilor lor, deoarece, tocmai necesitatea de a corela interesul național cu interesul european, în contextul unei obligativități a publicării rezultatului deliberărilor, ar putea avea consecințe nefaste, asupra definirii și implementării politicii monetare europene. Pe de altă parte, transparența trebuie văzută în legătură cu răspunderea membrilor Consiliului Guvernatorilor, pornind de la un adevăr cunoscut: în principiu, răspunderea individuală conduce la rezultate mai bune decât în situația răspunderii colective. Mai mult, transparența ar da posibilitatea observării eficienței membrilor Consiliului Guvernatorilor. Indubitabil, și în acest Consiliu, unii membri sunt mai activi, în timp ce alții ascultă doar pozițiile celor mai activi dintre membri și se rezumă la a achiesa la una dintre opiniile exprimate, fără a fi promotorii unor idei originale. Așadar, per ansamblu, în cazul deciziilor luate de către Consiliul Guvernatorilor nu există nici o transparență totală, dar nici opacitate; putem vorbi despre o transparență limitată.

O retrospectivă a ședințelor Consiliului Guvernatorilor BCE, pentru anul 2012, evidențiază, rezumativ, activitatea Consiliului Guvernatorilor pentru îndeplinirea obiectivului privind stabilirea politicii monetare europene. Astfel, în ședințele desfășurate lunar în perioada ianuarie – iunie 2012, Consiliul Guvernatorilor BCE a stabilit menținerea nemodificată a ratei dobânzii la operațiunile principale de refinanțare și a ratelor dobânzilor la facilitatea de creditare, maginală și la facilitatea de depozit la nivelurile de 1%, 1,75% și respectiv 0,25%, modificându-le în ședința din iulie 2012 astfel: rata dobânzii la operațiunile principale de refinanțare și ratele dobânzilor la facilitatea de creditare, maginală și la facilitatea de depozit la nivelurile de 0,75%, 1,50% și respectiv 0,00%.

2. Comitetul executiv

Sediul juridic al dispozițiilor referitoare la Consiliul Guvernatorilor se află în art 283 alin. 2 teza I din *Tratatul privind funcționarea UE* și în art 11 din Protocolul (NR. 4) privind *Statutul Sistemului European al Băncilor Centrale și al Băncii Centrale Europene*

Art. 283 alin. 2 teza I dispune: „Comitetul executiv este constituit din președinte, un vicepreședinte și alți patru membri."

Art. 11 prevede:

11.1. „În conformitate cu articolul 283 alineatul (2) primul paragraf din Tratatul privind funcționarea Uniunii Europene, Comitetul executiv este format din președinte, vicepreședinte și alți patru membri. Membrii își exercită funcțiile cu normă întreagă. Niciun membru nu poate exercita o altă profesie, remunerată sau nu, în afară de cazul în care i s-a acordat în mod excepțional o derogare de către Consiliul guvernatorilor.

11.2. În conformitate cu articolul 283 alineatul (2) al doilea paragraf din tratatul menționat, președintele, vicepreședintele și ceilalți membri ai Comitetului executiv sunt numiți de Consiliul European, hotărând cu majoritate calificată, la recomandarea Consiliului și după consultarea Parlamentului European și a Consiliului guvernatorilor, dintre persoanele a căror autoritate și experiență profesională în domeniul monetar sau bancar sunt recunoscute. Mandatul acestora are o durată de opt ani și nu poate fi reînnoit.

Numai resortisanții statelor membre pot fi membri ai Comitetului executiv.

11.3. Condițiile de angajare a membrilor Comitetului executiv, în special salariile, pensiile și alte prestații de asigurări sociale fac obiectul contractelor încheiate cu BCE și se stabilesc de Consiliul guvernatorilor la propunerea unui comitet format din trei membri numiți de Consiliul guvernatorilor și din trei membri numiți de Consiliu. Membrii Comitetului executiv nu au drept de vot în chestiunile reglementate de prezentul alineat.

11.4. În cazul în care un membru al Comitetului executiv nu mai îndeplinește condițiile necesare exercitării funcțiilor sale sau în care a comis o abatere gravă, Curtea de Justiție îl poate demite, la cererea Consiliului guvernatorilor sau a Comitetului executiv.

11.5. Fiecare membru al Comitetului executiv prezent la ședințe are dreptul să voteze și dispune în acest scop de un vot. În cazul în care nu există dispoziții contrare, deciziile Comitetului executiv se iau cu majoritatea simplă a voturilor exprimate. În cazul în care există un număr egal de voturi, votul preşedintelui este hotărâtor. Procedura de vot este precizată în regulamentul de procedură menţionat la articolul 12.3.

11.6. Comitetul executiv este răspunzător pentru administrarea curentă a BCE.

11.7. Locurile vacante din Comitetul executiv sunt ocupate prin numirea de noi membri, în conformitate cu articolul 11.2."

Comitetul Executiv este răspunzător pentru administrarea BCE, fiind alcătuit dintr-un preşedinte, un vicepreşedinte şi alţi patru membri. Aceştia trebuie să fie resortisanţi ai statelor membre şi să aibă experienţă, fiind recunoscuţi ca profesionişti ai domeniului monetar şi bancar. Dacă în timpul mandatului, unul dintre membrii Comitetului executiv nu mai îndeplineşte condiţiile exercitării mandatului său, sau dacă se constată că ar fi comis o abatere gravă, va fi demis de Curtea de Justiţie, la solicitarea Consiliului Guvernatorilor sau a Comitetului executiv.

Membrii Comitetului Executiv sunt numiţi de către Consiliul European, la recomandarea sa şi după consultarea Parlamentului European şi al Consiliului Guvernatorilor.

Mandatul membrilor Comitetului Executiv este de opt ani, fără posibilitatea reînnoirii. Imposibilitatea reînnoirii este expresia independenţei politice a BCE, deoarece astfel membrii Comitetului Executiv nu vor fi tentaţi să facă pe plac politicienilor pentru a fi realeşi.

Fiecare dintre membrii Comitetului Executiv dispune de un vot, hotărârile fiind luate cu majoritatea simplă a voturilor exprimate. În caz de egalitate preşedintele are votul decisiv.

Comitetului Executiv pregăteşte şedinţele Consiliului Guvernatorilor, revenindu-i responsabilitatea punerii în aplicare a deciziilor privind politica monetară a U.E. astfel cum a fost definită de Consiliul Guvernatorilor, dând instrucţiuni băncilor centrale naţionale.

Principiul stabilit prin Tratatul de la Maastricht „un membru, un vot" îşi găseşte aplicarea, după cum am văzut mai sus, şi în cazul BCE. La momentul la care toate statele membre U.E. vor deveni şi membre ale Uniunii Monetare Europene, Consiliul Guvernatorilor şi Comitetul Executiv vor crea un organism de decizie nemaiîntâlnit până în prezent, alcătuit din 33 membri (27 guvernatori ai băncilor centrale naţionale şi 6 membri ai Comitetului Executiv), care vor trebui să aibă o viziune unitară asupra politicii monetare comune. Literatura de specialitate este reticentă cu privire la şansele de reuşită în luarea deciziilor a unui astfel de grup „prea mare ca să decidă unde vor merge la cină, deci cu atât mai mult în luarea unor decizii cu celeritate şi eficiente, totodată, de politică monetară"[32].

Preşedintele Comitetului Executiv este însuşi preşedintele Băncii Centrale Europene. Rolul acestuia este în creştere, aspect evidenţiat şi prin Tratatul privind stabilitatea, coordonarea şi guvernanţa în cadrul uniunii economice şi monetare. Preşedintele Băncii Centrale Europene este invitat să participe la reuniunile şefilor de stat sau de guvern la nivel înalt ale zonei euro (art. 12 din Tratat).

Selectarea, desemnarea şi promovarea personalului BCE este realizată de Comitetul Executiv în baza principiilor: calificării profesionale, transparenţei, egalităţii de tratament şi nediscriminării.

Consiliul general

Sediul juridic al dispoziţiilor referitoare la Consiliul Guvernatorilor se află în art 283 alin. 2 teza II, art. 284 din *Tratatul privind funcţionarea UE* şi în art 13 din Protocolul (NR.

---

[32] Haan J., Berger H., *op.cit.*, p. 8.

4) privind *Statutul Sistemului European al Băncilor Centrale şi al Băncii Centrale Europene*

Consiliul General este al treilea organ de decizie al BCE, fiind alcătuit din preşedinte, vicepreşedinte şi guvernatorii băncilor centrale naţionale. Explicaţia constituirii sale rezidă în faptul că nu toate statele membre U.E. fac parte din zona euro. În aceste condiţii, statele membre U.E. care nu au adoptat moneda euro nu vor participa la luarea deciziilor privind politica monetară unică a zonei euro, dar, în cadrul Consiliului General vor putea ridica probleme legate de politica lor monetară şi de ratele lor de schimb în raport cu moneda unică europeană.

Preşedintele, vicepreşedintele şi ceilalţi membri ai Comitetului executiv sunt numiţi de Consiliul European, hotărând cu majoritate calificată, la recomandarea Consiliului şi după consultarea Parlamentului European şi a Consiliului guvernatorilor Băncii Centrale Europene, dintre persoane a căror autoritate şi experienţă profesională în domeniul monetar sau bancar sunt recunoscute.

Preşedintele Consiliului şi un membru al Comisiei pot să participe fără drept de vot la reuniunile Consiliului guvernatorilor Băncii Centrale Europene.

Preşedintele Consiliului poate propune o moţiune spre deliberare Consiliului guvernatorilor Băncii Centrale Europene.

Preşedintele Băncii Centrale Europene este invitat să participe la reuniunile Consiliului în cazul în care acesta deliberează asupra problemelor referitoare la obiectivele şi misiunile SEBC.

Banca Centrală Europeană prezintă Parlamentului European, Consiliului şi Comisiei, precum şi Consiliului European un raport anual privind activitatea SEBC şi politica monetară din anul precedent şi din anul în curs. Preşedintele Băncii Centrale Europene prezintă acest raport Consiliului şi

Parlamentului European, care poate organiza o dezbatere generală pe acest temei.

Președintele sau, în absența acestuia, vicepreședintele, prezidează Consiliul guvernatorilor și Comitetul executiv al BCE.

Fără a aduce atingere articolului 38, președintele sau persoana pe care acesta o desemnează în acest scop reprezintă BCE în exterior.

Președintele Băncii Centrale Europene și ceilalți membri ai Comitetului executiv pot, la cererea Parlamentului European sau din proprie inițiativă, să fie audiați de comisiile competente ale Parlamentului European.

Mandatul acestora este pe termen de opt ani și nu poate fi reînnoit. Doar resortisanții statelor membre pot fi membri ai Comitetului executiv.

3.9. Responsabilitățile organelor de decizie

Sediul juridic al dispozițiilor referitoare la responsabilitățile organelor de decizie se află în art. 12 din Protocolul (NR. 4) privind *Statutul Sistemului European al Băncilor Centrale și al Băncii Centrale Europene*

Consiliul guvernatorilor adoptă orientările și ia deciziile necesare pentru îndeplinirea misiunilor încredințate SEBC prin tratate și prin prezentul statut. Consiliul guvernatorilor definește politica monetară a Uniunii, inclusiv, dacă este cazul, deciziile privind obiectivele monetare intermediare, ratele dobânzilor de referință și constituirea rezervelor în cadrul SEBC, și stabilește orientările necesare aplicării lor.

Comitetul executiv pune în aplicare politica monetară în conformitate cu orientările și deciziile adoptate de Consiliul guvernatorilor. În acest cadru, Comitetul executiv dă instrucțiunile necesare băncilor centrale naționale. În afară de aceasta, Comitetului executiv îi pot fi delegate anumite competențe prin decizia Consiliului guvernatorilor.

În măsura în care se consideră că acest lucru este posibil și oportun, și fără a aduce atingere prevederilor prezentului articol, BCE recurge la băncile centrale naționale pentru executarea operațiunilor care țin de misiunile SEBC.

Comitetul executiv răspunde de pregătirea reuniunilor Consiliului guvernatorilor.

Consiliul guvernatorilor adoptă un regulament intern prin care stabilește organizarea internă a BCE și a organelor sale de decizie.

Funcțiile consultative menționate la articolul 4 sunt exercitate de Consiliul guvernatorilor.

Consiliul guvernatorilor ia deciziile menționate la articolul 6.

3.10. Personalul BCE (art.36-39)

1. Personalul (art.36). Consiliul guvernatorilor stabilește, la propunerea Comitetului executiv, regimul care se aplică personalului BCE. Curtea de Justiție a Uniunii Europene este competentă să soluționeze orice litigiu dintre BCE și agenții acesteia, în limitele și în condițiile stabilite prin regimul care se aplică personalului.

2. Secretul profesional (art.37). Membrii organelor de conducere, precum și personalul BCE și cel al băncilor centrale naționale au obligația, chiar și după încetarea funcțiilor lor, de a nu divulga informații care, prin natura lor, intră sub incidența obligației de păstrare a secretului profesional. Persoanele care au acces la date care intră sub incidența legislației Uniunii care impune obligația păstrării secretului se supun acestei legislații.

3. Persoanele cu drept de semnătură (art.38). BCE se angajează din punct de vedere juridic față de terți prin președinte sau doi membri ai Comitetului executiv, ori prin semnătura a doi membri ai personalului acesteia, autorizați în mod corespunzător de președinte să semneze în numele BCE.

4.Privilegiile și imunitățile (art.39). BCE se bucură pe teritoriul statelor membre de privilegiile și imunitățile necesare îndeplinirii misiunilor sale, în condițiile stabilite de Protocolul privind privilegiile și imunitățile Uniunii Europene.

3.11. Activitatea Băncii Centrale Europene prin prisma rapoartelor de activitate

Anual, Banca Centrală Europeană dă publicității un raport care cuprinde informații privind evoluția economică și politica monetară în Uniunea Europeană, conturile anuale, activitățile și operațiunile întreprinse de BCE, stabilitatea financiară, practice care vizează modul în care sunt îndeplinite obiectivele și funcțiile BCE.

Informațiile oferite prin aceste rapoarte reprezintă un reper important pentru observarea pertinentă a evoluției economice la nivelul U.E., din punct de vedere al inflației și al evoluției prețurilor.

Analiza rapoartelor date publicității de BCE în ultimii ani evidențiază o evoluție clară a BCE, în contextul crizei economice, aceste rapoarte fiind importante din perspectiva unor inovații economice: activarea Programelor destinate pieței titlurilor de valoare; lansarea de programe de achiziționare de obligațiuni garantate; sprijinirea operațiunilor de creditare; creșterea disponibilității garanțiilor; reducerea ratei rezervelor minime obligatorii la 1%. Aceste inovații financiare au fost imperative în contextul lipsei de lichidități cu care se confruntă instituțiile bancare, dar și impactului asupra ofertei de credite pentru populație și companii exercitat de tensiunile de pe piețele financiare. Acestea sunt o parte dintre măsurile destinate să rezolve problemele de sustenabilitatea fiscală cu care se confruntă Grecia, Irlanda, Italia, Portugalia și Spania. Aceste măsuri şi-au dovedit eficienţa din perspectiva creşterii economice la nivelul U.E. de 1,8% la nivelul anului 2010, respectiv de 1,3% pentru anul 2011[33].

Operaţiunile efectuate de BCE constau în: operaţiuni de politică monetară (operaţiuni de piaţă, operaţiuni principale de refinanţare, operaţiuni de refinanţare pe termen mai lung, operaţiuni de reglaj fin, facilităţi permanente şi rezerve minime obligatorii), operaţiuni valutare şi operaţiuni cu alte bănci centrale, activităţi de plasament ale activelor externe de rezervă şi a fondurilor proprii.

3.12.Supravegherea prudenţială (art.25)

BCE poate să adopte avize şi să fie consultată de Consiliu, de Comisie şi de autorităţile competente din statele membre, cu privire la domeniul de aplicare şi punerea în aplicare a legislaţiei Uniunii privind supravegherea prudenţială a instituţiilor de credit şi stabilitatea sistemului financiar.

În conformitate cu orice regulament adoptat de Consiliu în temeiul articolului 127 alineatul (6) din Tratatul privind funcţionarea Uniunii Europene, BCE poate îndeplini misiuni specifice în legătură cu politicile în materie de supraveghere prudenţială a instituţiilor de credit şi a altor instituţii financiare, cu excepţia întreprinderilor de asigurări.

3.13. Repartizarea profiturilor şi pierderilor nete ale BCE (art.33)

Profitul net al BCE se transferă în următoarea ordine:

(a) o sumă care urmează a fi stabilită de Consiliul guvernatorilor şi care nu poate depăşi 20 % din profitul net,

---

[33] Raportul anual al BCE pentru anul 2011, disponibil la http://www.ecb.europa.eu/pub/pdf/annrep/ar2011ro.pdf (accesat la 14.09.2012).

este transferată în fondul general de rezervă în limita a 100 % din capital;

(b) profitul net rămas se distribuie acţionarilor BCE, proporţional cu cotele vărsate la capital.

În cazul în care BCE înregistrează o pierdere, aceasta se acoperă din fondul general de rezervă al BCE şi, dacă este necesar, după decizia Consiliului guvernatorilor, din veniturile monetare aferente exerciţiului financiar respectiv, proporţional cu şi în limita sumelor alocate băncilor centrale naţionale în conformitate cu articolul 32.5.

3.14. Actele juridice (art. 34)

În conformitate cu articolul 132 din Tratatul privind funcţionarea Uniunii Europene, BCE adoptă:

— regulamente, în măsura necesară îndeplinirii misiunilor stabilite la articolul 3.1 prima liniuţă, la articolele 19.1, 22 sau 25.2 din Statutul SEBC şi al BCE, precum şi în cazurile prevăzute de actele Consiliului menţionate la articolul 41;

— deciziile necesare îndeplinirii misiunilor încredinţate SEBC în conformitate cu tratatele şi cu Statutul SEBC şi al BCE;

— recomandări şi avize.

BCE poate decide publicarea deciziilor, recomandărilor şi avizelor sale.RO C 326/244 Jurnalul Oficial al Uniunii Europene 26.10.2012

În limitele şi în condiţiile stabilite de Consiliu, în conformitate cu procedura menţionată la articolul 41 din statut, BCE este abilitată să impună întreprinderilor amenzi şi penalităţi cu titlu cominatoriu, în cazul neîndeplinirii obligaţiilor care rezultă din regulamentele şi deciziile sale.

3.15. Controlul jurisdicţional şi aspecte conexe (art.35)

Actele sau omisiunile BCE sunt supuse controlului şi interpretării Curţii de Justiţie a Uniunii Europene în cazurile şi în condiţiile prevăzute de tratate. BCE poate introduce acţiuni în justiţie în cazurile şi în condiţiile prevăzute de tratate.

Litigiile dintre BCE, pe de o parte, şi creditorii sau debitorii acesteia sau orice altă persoană, pe de altă parte, sunt soluţionate de instanţele naţionale competente, cu excepţia cazurilor în care competenţa a fost atribuită Curţii de Justiţie a Uniunii Europene.

BCE se supune regimului răspunderii prevăzut la articolul 340 din Tratatul privind funcţionarea Uniunii Europene. Răspunderea băncilor centrale naţionale se stabileşte în conformitate cu dreptul intern respectiv.

Curtea de Justiţie a Uniunii Europene este competentă să hotărască în temeiul unei clauze compromisorii prevăzută într-un contract de drept public sau de drept privat încheiat de BCE sau în numele acesteia.

Decizia BCE de a sesiza Curtea de Justiţie a Uniunii Europene se adoptă de către Consiliul guvernatorilor.

Curtea de Justiţie a Uniunii Europene este competentă să hotărască în privinţa litigiilor privind îndeplinirea de către băncile centrale naţionale a obligaţiilor care le revin în conformitate cu tratatele şi cu prezentul statut. În cazul în care BCE consideră că o bancă centrală naţională nu şi-a îndeplinit una din obligaţiile care îi revin în temeiul tratatelor şi al prezentului statut, aceasta poate adopta un aviz motivat în această privinţă după ce a oferit băncii centrale naţionale în cauză posibilitatea de a-şi prezenta observaţiile. În cazul în care banca centrală naţională respectivă nu respectă avizul în termenul stabilit de BCE, aceasta din urmă poate sesiza Curtea de Justiţie a Uniunii Europene.

3.16. Rolul Băncii Centrale Europene în contextul viitoarei uniuni bancare europene

Rolul BCE este în continuă creștere. Asistăm actualmente la nașterea unui nou proiect european – instituirea unei uniuni bancare europene, pilonul central al acesteia fiind reprezentat de Banca Centrală Europeană. Bazele acestui proiect rezidă în Consiliul European din 23 mai 2012, acesta inițiindu-se din necesitatea de a veni cu o soluție pe termen lung pentru criza euro, declanșată o dată cu intrarea în criza economică a Greciei. Este identificată o legătură puternică între criza solvabilității naționale și bănci. Actuala criză economică a probat această teză: și Grecia, și Irlanda, și Spania, și Italia au dovedit că solvabilitatea națională și-a pus amprenta pe sistemul bancar național și, totodată, solvabilitatea bancară a influențat suveranitatea națională[34].

Oficialii europeni consideră că, ulterior uniunii monetare europene, uniunea bancară europeană este de natură să dea mai mare substanță ideii unei „uniuni din ce în ce mai strânse" a popoarelor Uniunii Europene, astfel cum își propunea Tratatul de la Roma. Baza uniunii bancare europene este repreentată de patru piloni bancari: un sistem de protecție unic de garantare a tuturor depozitelor constituite în băncile europene; o autoritate bancară unică pentru băncile transfrontaliere și pentru băncile sistemice; o singură autoritate de supraveghere bancară; o reglementare uniformă pentru supravegherea prudențială a tuturor băncilor din Europa. În legătură cu acest subiect se ridică mai multe întrebări, decât se întrevăd răspunsuri. S-ar putea pune problema ce state pot face parte din viitoarea uniune bancară europeană, dacă Marea

---

[34] Pisani-Ferry J., Sapir A., Veron N., Wolf G., *What kind of European Banking Union* în "Brugel Policy Contribution" issue 2012/12, disponibil la http://ideas.repec.org/p/bre/polcon/731.html (accesat la 04.09.2012), p. 3.

Britanie poate fi membru al acesteia deşi nu este parte a uniunii monetare, dacă statutul de stat membru al uniunii bancare este sau nu condiţionat de cel de membru al uniunii monetare, căror categorii de bănci li se adresează această uniune. Uniunea bancară europeană trebuie înţeleasă în contextul uniunii fiscale şi politice europene.

Într-o astfel de structură, rolul BCE ar fi mult sporit, deoarece, dacă uniunea bancară europeană ar include doar statele membre ale zonei euro, atunci BCE ar putea fi autoritatea de supraveghere bancară, deoarece reprezintă o instituşie puternică, cu resurse solide şi credibilitate suficientă, câştigate mai ales în perioadă anterioară declanşării crizei economice. Însă, dacă înţelegem uniunea bacară europeană în contextul uniunii fiscale şi politice europene, atunci înseamnă că avantajul recunoscut al BCE („prima bancă centrală din istorie, fără un guvern care să îi privească peste umăr"[35]) ar dispărea, transformându-se într-o bancă centrală obişnuită, deoarece ar fi supusă potenţialelor presiuni politice.

3.17. Cooperarea Băncii Centrale Europene cu alte instituţii financiare internaţionale

Această cooperare trebuie înţeleasă în contextul rolului important al BCE în procesul de supraveghere multilaterală internaţională a politicilor macoeconomice. În acest sens, BCE cooperează cu FMI, OCDE, participând totodată la reuniunile miniştrilor finanţelor şi guvernatorilor boncilor centrale din grupurile G20 şi G7. Interesantă este cooperarea dintre aceste instituţii financiare internaţionale, dacă analizăm istoricul acestor instituţii. BCE este cea mai tânără dintre aceste instituţii, în condiţiile în care şi FMI, şi Banca Mondială, şi

[35] Drosu Şaguna D., Raţiu M.A., *Drept bancar,* Editura C.H. Beck, Bucureşti, 2007, p. 307.

OMC datează de dinaintea sau din imediata apropiere de cel de-al doilea Război Mondial. Cooperarea dintre aceste instituţii este în continuă dezvoltare, ca efect al crizei economice actuale.

3.18. Banca Centrală Europeană şi România

Modalitatea în care prevederile tratatelor constitutive ale U.E. sunt respectate de statele membre, în special din perspectiva prevederilor economice şi, mai ales monetare, sunt redate în Raportele de Convergenţă anuale ale BCE.

Analiza retreospectivă pentru România evidenţiază neîncadrarea ţării noastre în condiţiile restrictive cerute de tratatele fondatoare. Astfel, remarcăm rata inflaţiei de 4,6% aferentă anilor 2011-2012, superioară maximei cerute – de 3,1%. Acest aspect are relevanţă din perspectiva stabilităţii preţurilor, obiectiv fundamental al BCE. Un cuvânt important de spus din această perspectivă revine evoluţiei nedorite a cursului de schimb leu-euro. La rata crescută a inflaţiei se adaugă un deficit excesiv, în anul 2011 România având un deficit bugetar cu peste 2,2% din PIB peste valoarea europeană de refeinţă (3%). Un aspect pozitiv, din perspectiva criteriilor de convergenţă de la Mastricht, îl reprezintă ponderea datoriei publice brute din PIB de 33,3%, mai puţin decât valoarea de referinţă maximă (de 60% din PIB)[36].

BCE apreciază ca negativă lipsa de independenţă totală a băncii centrale româneşti (Banca Naţională a României), de natură să aibă efecte negative în sens inflaţionist. Cu titlu de exemplu, amintim că la începutul anilor 1990, sub masca independenţei BNR, aceasta s-a văzut în situaţia de a acorda împrumuturi masive unor sectoare neprofitabile (energia şi

---

[36] Banca Centrală Europeană, *Raport de convergenţă pentru anul 2012*, p. 72, disponibil la http://www.ecb.europa.eu/pub/pdf/conrep/cr201205ro.pdf (accesat la 17.09.2012).

agricultura), care nu și-au atins scopul, sectoarele în cauză rămânând în continuare neprofitabile, iar împrumuturile având efecte inflaționiste[37].

---

[37] V.,Toader. R.,V., Rus. C., F., Rus. *The private perceptions regarding the National Bank of Romania's Independence* în „Transilvania Review of Administrative Sciences", 2009, p. 264.

4. BANCA EUROPEANĂ DE INVESTIȚII

4.1. Precizări prealabile

Banca Europeană de Investiții (BEI) a fost creată în anul 1958, pe baza *Tratatului de la Roma*.

Banca Europeană de Investiții are sediul la Luxemburg.

Banca Europeană de Investiții aparține statelor membre, acestea contribuind la capitalul său în funcție de puterea economică a fiecăruia dintre statele membre. Rolul său inițial era de a finanța investițiile majore de infrastructură ale statelor membre dar, în ultimele decenii, a început să finanțeze și alte proiecte, condiția fiind ca investițiile să fie compatibile cu politicile europene. Principalele domenii pentru care se acordă credite sunt: creșterea competitivității, promovarea procesului de integrare economică, protecția mediului, modernizarea rețelelor europene de transport.

Banca Europeană de Investiții, pe langă creditele acordate statelor membre, finanțează și investiții în țările care au încheiat acorduri de cooperare economică cu UE (țările din zona Marii Mediterane, Africa, zona Caraibelor, Pacific).

Banca Europeană de Investiții împreună cu Fondul European de Investiții (FEI) formează Grupul BEI.

Dispozițiile referitoare la Banca Europeană de Investiții (BEI) le găsim în *Tratatul privind funcționarea* UE (art. 308-309) și în Protocolul (NR. 5) privind *Statutul Băncii Europene de Investiții*.

4.2. Statutul Băncii Europene de Investiții

Potrivit art. 1 din Protocolul (NR. 5) *privind Statutul Băncii Europene de Investiții* „Banca Europeană de Investiții instituită prin articolul 308 din Tratatul privind funcționarea Uniunii Europene, în continuare numită „Banca", se constituie și își exercită funcțiile și activitatea în conformitate cu dispozițiile tratatelor și ale prezentului statut."

Banca Europeană de Investiții are personalitate juridică.

Statutul Băncii Europene de Investiții face obiectul unui protocol anexat la tratate. Consiliul, hotărând în unanimitate în conformitate cu o procedură legislativă specială, la cererea Băncii Europene de Investiții și după consultarea Parlamentului European și a Comisiei, sau la propunerea Comisiei și după consultarea Parlamentului European și a Băncii Europene de Investiții, poate modifica Statutul Băncii.

BEI se bucură în fiecare din statele membre de capacitatea juridică cea mai largă recunoscută persoanelor juridice prin legislațiile naționale; în special poate să dobândească și să înstrăineze bunuri imobile și mobile și poate sta în justiție.

BEI trebuie să aleagă un sediu în fiecare dintre statele membre.

BEI poate în orice contract, să aleagă un sediu special.

4.3. Misiunea Băncii Europene de Investiții

Potrivit art. 2 din Protocolul (NR. 5) privind Statutul Băncii Europene de Investiții „Misiunea Băncii este definită la articolul 309 din Tratatul privind funcționarea Uniunii Europene." Deci, Banca Europeană de Investiții are misiunea de a contribui, recurgând la piețele de capital și la resursele proprii, la dezvoltarea echilibrată și neîntreruptă a pieței interne în interesul Uniunii.

În acest scop, Banca Europeană de Investiții facilitează, prin acordarea de împrumuturi și garanții și fără a urmări un scop lucrativ, finanțarea proiectelor de mai jos în toate sectoarele economiei:

(a) proiecte care urmăresc punerea în valoare a regiunilor mai puțin dezvoltate;

(b) proiecte care urmăresc modernizarea sau conversia întreprinderilor ori crearea de noi activități care sunt rezultatul realizării sau funcționării pieței interne și care, prin amploarea sau natura lor, nu pot fi finanțate în întregime prin diferitele mijloace de finanțare existente în fiecare dintre statele membre;

(c) proiecte de interes comun pentru mai multe state membre care, prin amploarea sau natura lor, nu pot fi finanțate în întregime prin diferitele mijloace de finanțare existente în fiecare dintre statele membre.

În îndeplinirea misiunii sale, Banca Europeană de Investiții facilitează finanțarea programelor de investiții în legătură cu intervențiile fondurilor structurale și ale altor instrumente financiare ale Uniunii.

4.4.Membrii Băncii Europene de Investiții

Membrii Băncii Europene de Investiții sunt statele membre.

Banca Europeană de Investiții dispune de un capital de 232 392 989 000 EUR, subscris de statele membre până la concurența următoarelor valori: Germania -37 578 019 000; Franța-37 578 019 000; Italia- 37 578 019 000; Regatul Unit - 37 578 019 000; Spania- 22 546 811 500; Belgia- 10 416 365 500; Țările de Jos- 10 416 365 500; Suedia- 6 910 226 000; Danemarca-5 274 105 000; Austria-5 170 732 500; Polonia- 4 810 160 500; Finlanda- 2 970 783 000; Grecia- 2 825 416 500: Portugalia-1 820 820 000; Republica Cehă- 1 774 990 500; Ungaria-1 679 222 000; Irlanda-1 318 525 000; România- 1 217 626 000; Slovacia- 604 206 500; Slovenia-560 951 500; Bulgaria-410 217 500; Lituania- 351 981 000; Luxemburg- 263 707 000; Cipru -258 583 500; Letonia- 214 805 000; Estonia - 165 882 000; Malta-98 429 500.

Statele membre nu sunt răspunzătoare decât până la concurența cotei părți de capital subscris și nevărsat.

Admiterea unui nou membru determină o majorare a capitalului subscris corespunzătoare aportului noului membru.

Consiliul guvernatorilor, hotărând în unanimitate, poate decide o majorare a capitalului subscris.

Cota parte de capital subscris nu poate fi cesionată, nu poate face obiectul garanțiilor reale mobiliare și nici supusă sechestrului.

Comunicările Banca Europeană de Investiții cu fiecare stat membru se realizează prin intermediul autorității desemnate de acesta. Pentru executarea operațiunilor financiare Banca poate apela la banca centrală națională a statului membru în cauză sau la alte instituții financiare autorizate de acesta

În cazul în care un stat membru nu-și îndeplinește obligațiile de membru decurgând statut, în special obligația de a vărsa cota parte sau de a asigura rambursarea împrumuturilor sale, acordarea de împrumuturi sau garanții acestui stat membru sau resortisanților acestuia poate fi suspendată prin decizia Consiliului guvernatorilor adoptată cu majoritate calificată.

Această decizie nu exonerează statul și nici pe resortisanții săi de obligațiile lor față de Banca Europeană de Investiții.

4.5. Capitalul subscris al Băncii Europene de Investiții

Dispozițiile referitoare la capitalul subscris sunt reglementate de art. 5 din *Protocolul* (NR. 5) *privind Statutul Băncii Europene de Investiții*.

Capitalul subscris este vărsat de către statele membre până la concurența a 5 % în medie din sumele prevăzute la articolul 4 alineatul (1).

În cazul majorării capitalului subscris, Consiliul guvernatorilor, hotărând în unanimitate, stabileşte procentul care trebuie vărsat, precum şi modalităţile de plată. Plăţile în numerar se efectuează exclusiv în euro.

Consiliul de administraţie poate solicita vărsarea restului de capital subscris, în cazul în care acest vărsământ este necesar pentru a face faţă obligaţiilor Băncii

Vărsământul este efectuat de fiecare stat membru proporţional cu cota sa parte de capital subscris.

4.6. Organele de decizie ale Băncii Europene de Investiţii

Organele de decizie ale Băncii Europeane de Investiţii conform dispoziţiilor din art. 7-12 sunt:

1. *Consiliul guvernatorilor;*
2. *Consiliul de administraţie;*
3. *Comitetul de direcţie;*
4. *Comitetul.*

1. Consiliul guvernatorilor (art. 7 - art. 8)

Consiliul guvernatorilor este format din miniştrii desemnaţi de statele membre.

Consiliul guvernatorilor stabileşte directivele generale referitoare la politica de creditare a Băncii în conformitate cu obiectivele Uniunii. Consiliul guvernatorilor veghează la executarea acestor directive.

Consiliul guvernatorilor are următoarele atribuţii:

(a) decide cu privire la majorarea capitalului subscris, conform articolului 4 alineatul (3) şi articolului 5 alineatul (2);

(b) în înţelesul articolului 9 alineatul (1), stabileşte principiile aplicabile operaţiunilor de finanţare în cadrul misiunii Băncii;

(c) exercită puterile prevăzute în articolele 9 şi 11, pentru numirea şi demiterea din oficiu a membrilor Consiliului de administraţie şi ai Comitetului de direcţie, precum şi a celor prevăzute la articolul 11 alineatul (1) paragraful al doilea;

(d) decide cu privire la acordarea finanţării pentru investiţiile care urmează să fie realizate total sau parţial în afara teritoriilor statelor membre, în conformitate cu articolul 16 alineatul (1);

(e) aprobă raportul anual întocmit de Consiliul de administraţie;

(f) aprobă bilanţul anual, precum şi contul de profit şi pierderi;

(g) exercită puterile şi atribuţiile celelalte conferite prin prezentul statut;

(h) aprobă regulamentul intern al Băncii.

De asemenea, Consiliul guvernatorilor are competenţa de a adopta în unanimitate, în cadrul tratatului şi al prezentului statut, orice decizii cu privire la suspendarea activităţii Băncii şi la eventuala sa lichidare.

Deciziile Consiliului guvernatorilor se adoptă cu majoritatea membrilor săi cu excepţia cazurilor în care se prevede altfel. Statele care constituie această majoritate trebuie să reprezinte cel puţin 50 % din capitalul subscris.

Pentru întrunirea majorităţii calificate, sunt necesare optsprezece voturi şi 68 % din capitalul subscris.

Abţinerile din partea membrilor prezenţi sau reprezentaţi nu împiedică adoptarea deciziilor care necesită întrunirea unanimităţii.

La solicitarea unui stat membru sau a Comisiei sau din oficiu, Consiliul guvernatorilor interpretează sau completează, în condiţiile în care ele au fost adoptate, directivele stabilite de el conform articolului 7.

Consiliul guvernatorilor, hotărând în unanimitate, poate decide să înfiinţeze filiale sau alte entităţi, care au personalitate juridică şi autonomie financiară.

Consiliul guvernatorilor adoptă în unanimitate statutele organismelor cu care Bei colaborează. Statutele definesc, în special, obiectivele acestora, structura, capitalul, membrii, sediul, resursele financiare, instrumentele de intervenţie, normele de control, precum şi relaţia acestora cu organele Băncii.

2. Consiliul de administraţie (art. 9 - art. 10)

Consiliul de administraţie decide cu privire la acordarea de finanţări, în special sub formă de credite şi de garanţii, precum şi cu privire la contractarea de împrumuturi, stabileşte ratele dobânzilor pentru împrumuturi, precum şi comisioanele şi celelalte speze.

În temeiul unei decizii adoptate cu majoritate calificată, Consiliul de administraţie poate delega anumite atribuţii Comitetului de direcţie.

Consiliul de administraţie stabileşte condiţiile şi modul în care se realizează această delegare şi supraveghează punerea sa în aplicare.

Consiliul de administraţie verifică administrarea corectă a Băncii şi asigură conformitatea acesteia cu dispoziţiile tratatelor şi ale statutului şi cu directivele generale stabilite de Consiliul guvernatorilor.

La încheierea exerciţiului, Consiliul de administraţie trebuie să prezinte un raport Consiliului guvernatorilor şi să-l publice după aprobare.

Consiliul de administraţie este format din douăzeci şi opt de administratori şi optsprezece supleanţi.

Administratorii sunt numiţi pentru cinci ani de Consiliul guvernatorilor, fiecare stat membru desemnând câte un administrator iar Comisia desemnând, de asemenea, un administrator.

Administratorii supleanţi sunt numiţi pentru cinci ani de Consiliul guvernatorilor după cum urmează:

- doi supleanţi desemnaţi de Republica Federală Germania;
- doi supleanţi desemnaţi de Republica Franceză;
- doi supleanţi desemnaţi de Republica Italiană;
- doi supleanţi desemnaţi de Regatul Unit al Marii Britanii şi Irlandei de Nord;
- un supleant desemnat de comun acord de Regatul Spaniei şi Republica Portugheză;
- un supleant desemnat de comun acord de Regatul Belgiei, Marele Ducat al Luxemburgului şi Regatul Ţărilor de Jos;
- doi supleanţi desemnaţi de comun acord de Regatul Danemarcei, Republica Elenă, Irlanda şi România;
- doi supleanţi desemnaţi de comun acord de Republica Estonia, Republica Letonia, Republica Lituania, Republica Austria, Republica Finlanda şi Regatul Suediei;
- trei supleanţi desemnaţi de comun acord de Republica Bulgaria, Republica Cehă, Republica Cipru, Republica Ungară, Republica Malta, Republica Polonă, Republica Slovenia şi Republica Slovacă;
- un supleant desemnat de Comisie.

Consiliul de administraţie cooptează şase experţi fără drept de vot: trei în calitate de membri şi trei supleanţi.

Mandatul administratorilor şi al supleanţilor poate fi reînnoit.

Regulamentul de procedură prevede modul de participare la şedinţele Consiliului de administraţie şi dispoziţiile aplicabile membrilor supleanţi, precum şi experţilor cooptaţi.

Președintele sau, în absența acestuia, unul din vice-președinții Comitetului de direcție, prezidează ședințele Consiliului de administrație, fără să ia parte la vot.

Membrii Consiliul de administrație sunt selectați dintre personalitățile care prezintă toate garanțiile de independență și competență; aceștia nu sunt răspunzători decât față de Bancă.

În cazul în care administratorul nu mai îndeplinește condițiile necesare pentru exercitarea funcțiilor sale, Consiliul guvernatorilor hotărând cu majoritate calificată poate pronunța demiterea sa din oficiu.

Neaprobarea raportului anual determină demisia Consiliul de administrație.

În cazul în care locurile rămân vacante, ca urmare a decesului sau demisiei voluntare, din oficiu sau colective, se procedează la înlocuire conform normelor stabilite în alineatul (2).

Cu excepția reînnoirii generale, membrii sunt înlocuiți pe durata rămasă până la încheierea mandatului.

Consiliul guvernatorilor stabilește retribuția membrilor Consiliului de administrație. Acesta stabilește eventualele incompatibilități cu funcțiile de administrator și de supleant.

În cadrul Consiliului de administrație fiecare administrator dispune de un vot. Acesta își poate delega votul în orice situație, conform normelor care urmează să fie stabilite în regulamentul de procedură al Băncii.

Deciziile Consiliului de administrație se adoptă de cel puțin o treime din membrii consiliului cu drept de vot și care reprezintă cel puțin 50 % din capitalul subscris daca in statut nu este prevăzut altfel.

Pentru întrunirea majorității calificate sunt necesare optsprezece voturi pentru și 68 % din capitalul subscris.

Regulamentul de procedură al Băncii prevede cvorumul necesar pentru adoptarea deciziilor Consiliului de administrație.

3. Comitetul de direcție (art.11)

Comitetul de direcție este format dintr-un președinte și din opt vicepreședinți, numiți pe o perioadă de șase ani de Consiliul guvernatorilor, la propunerea Consiliului de administrație. Mandatul lor poate fi reînnoit.

Consiliul guvernatorilor, hotărând în unanimitate, poate modifica numărul membrilor Comitetului de direcție.

La propunerea Consiliul de administrație, care a hotărât cu majoritate calificată, Consiliul guvernatorilor, hotărând la rândul său cu majoritate calificată, poate pronunța demiterea din oficiu a membrilor Comitetului de direcție.

Comitetul de direcție asigură gestionarea afacerilor curente ale Băncii, sub autoritatea președintelui și sub controlul Consiliului de administrație.

Comitetul de direcție pregătește deciziile Consiliului de administrație, mai ales în ceea ce privește încheierea de împrumuturi și acordarea finanțărilor, în special sub formă de credite și garanții; asigură executarea acestor decizii.

Comitetul de direcție își formulează, cu majoritate, avizele privind proiectele de contractare de împrumuturi și de acordare de finanțări, în special sub formă de credite și de garanții.

Consiliul guvernatorilor stabilește retribuția membrilor Comitetului de direcție și incompatibilitățile cu funcțiile acestora.

Președintele sau, în cazul în care acesta este împiedicat să participe, unul dintre vicepreședinți, reprezintă Banca în materie judiciară sau extrajudiciară.

Membrii personalului Băncii se găsesc sub autoritatea președintelui. Aceștia sunt angajați și concediați de către președinte. În alegerea personalului, trebuie să se țină cont nu numai de aptitudinile personale și de calificările profesionale, ci și de participarea echitabilă a resortisanților statelor membre.

Regulamentul de procedură prevede organul competent pentru adoptarea dispoziţiilor aplicabile personalului.

Comitetul de direcţie şi personalul Băncii nu sunt răspunzători decât faţă de aceasta şi îşi exercită funcţiile în deplină independenţă.

4. Comitetul

Un comitet compus din şase membri numiţi de Consiliul guvernatorilor - în temeiul competenţei lor - verifică dacă activităţile Băncii sunt în conformitate cu cele mai bune practici din domeniul bancar şi răspunde de verificarea conturilor Băncii.

Comitetul verifică, în fiecare an, dacă operaţiunile Băncii s-au desfăşurat în mod corespunzător şi dacă evidenţele sale au fost corect întocmite. În acest scop, comitetul verifică dacă operaţiunile Băncii s-au efectuat în conformitate cu formalităţile şi procedurile prevăzute în prezentul statut şi în regulamentul de procedură.

Comitetul confirmă faptul că declaraţiile financiare, precum şi toate informaţiile financiare cuprinse în conturile anuale elaborate de consiliul de administraţie oferă o imagine fidelă a situaţiei financiare a Băncii, atât pentru active cât şi pentru pasive, precum şi a rezultatelor operaţiunilor desfăşurate de aceasta şi a fluxurilor de trezorerie aferente exerciţiului financiar respectiv.

Regulamentul de procedură precizează calificările necesare membrilor comitetului şi stabileşte condiţiile şi modul de desfăşurare a activităţii comitetului.

4.7. Acordarea finanţărilor de către Banca Europeană de investiţii (art.16 – art. 17)

În cadrul mandatului definit la articolul 309 din Tratatul privind funcţionarea Uniunii Europene, Banca acordă finanţări, în special sub formă de credite şi de garanţii, membrilor săi sau întreprinderilor private sau publice pentru investiţii care se vor realiza pe teritoriile statelor membre, în cazul în care nu sunt disponibile, în condiţii rezonabile, mijloace provenind din alte resurse.

Cu toate acestea, prin decizia majorităţii calificate a Consiliului guvernatorilor la propunerea Consiliul de administraţie, Banca poate acorda finanţări pentru investiţii care se vor realiza în totalitate sau în parte în afara teritoriilor statelor membre.

Pe cât este posibil, acordarea de credite este condiţionată de utilizarea altor mijloace de finanţare.

În situaţia in care se acordă un împrumut unei întreprinderi sau unei colectivităţi, alta decât un stat membru, banca condiţionează acordarea acestui împrumut fie de garanţia statului membru pe teritoriul căruia va fi realizat investiţia, fie de alte garanţii suficiente, fie de soliditatea financiară a debitorului.

În plus, în cadrul principiilor stabilite de Consiliul guvernatorilor în înţelesul articolului 7 alineatul (3) litera (b) şi în cazul în care realizarea operaţiunilor prevăzute la articolul 309 din Tratatul privind funcţionarea Uniunii Europene impune acest lucru, Consiliul de administraţie adoptă, cu majoritate calificată, condiţiile şi modul de acordare a oricărei finanţări care prezintă un profil de risc specific şi care este considerată, în consecinţă, ca fiind o activitate specială.

De asemnea, Banca poate garanta împrumuturi contractate de întreprinderi publice sau private sau de către colectivităţi pentru realizarea operaţiunilor prevăzute în articolul 309 din Tratatul privind funcţionarea Uniunii Europene.

Valoarea totală contractată a împrumuturilor şi garanţiilor acordate de Bancă nu poate depăşi 250 % din valoarea capitalului subscris, a rezervelor, a provizioanelor nealocate și a excedentului din contul de profit și pierderi. Din valoarea totală a posturilor menționate se scade o sumă egală cu valoarea subscrisă, vărsată sau nu, a oricărei participări a Băncii la capital.

Suma vărsată reprezentând participarea Băncii nu trebuie să depășească niciodată valoarea totală a părții vărsate din capitalul acesteia, a rezervelor sale, a provizioanelor nealocate, precum și a excedentului contului de profit și pierderi.

În mod excepțional, se alocă o rezervă specială pentru activitățile speciale ale Băncii, stabilite de Consiliul guvernatorilor și de Consiliul de administrație în conformitate cu alineatul 3 al art. 16.

Rezerva sepcială se alocă și conturilor consolidate ale Băncii.

Banca se protejează împotriva riscului valutar inserând în contractele de împrumut și de garanție clauzele pe care le consideră adecvate.

Ratele dobânzilor pentru împrumuturile acordate de Bancă, precum și comisioanele și celelalte speze, trebuie adaptate condițiilor predominante pe piața de capital și trebuie calculate astfel încât încasările care rezultă să-i permită Băncii să facă față obligațiilor sale, să-și acopere cheltuielile și riscurile și să constituie un fond de rezervă conform articolului 22.

Banca nu acordă reduceri la ratele dobânzilor. În cazul în care, ținând cont de caracterul specific al investiției finanțate, pare indicată o reducere a ratei dobânzii, statul membru interesat sau o autoritate terță poate acorda bonificații la dobândă, în măsura în care acordarea lor este compatibilă cu normele stabilite în articolul 107 din Tratatul privind funcționarea Uniunii Europene.

4.8. Cine poate cere finanţare de la Banca Europeană de Investiţii (art. 19)

Finanţare de BEI poate cere orice întreprindere sau organism public sau privat.

Cererile de finanţare pot fi adresate şi prin intermediul Comisiei sau al statului membru pe teritoriul căruia urmează să se realizeze investiţia.

În situaţia in care cererile sunt adresate prin intermediul Comisiei, ele vor fi supuse avizului statului membru pe teritoriul căruia va fi realizat investiţia.

Dacă cererile sunt adresate prin intermediul statului, sunt supuse avizului Comisiei.

Atunci când cererile sunt emise direct de o întreprindere, sunt prezentate statului membru interesat şi Comisiei.

Statele membre interesate şi Comisia trebuie să-şi dea avizul în termen de maximum două luni. În lipsa unui răspuns în acest termen, Banca poate considera că proiectul în cauză nu ridică obiecţiuni.

Consiliul de administraţie decide asupra operaţiunilor de finanţare care îi sunt prezentate de Comitetul de direcţie.

Comitetul de direcţie analizează dacă operaţiunile de finanţare care îi sunt prezentate sunt conforme cu dispoziţiile prezentului statut, în special cu dispoziţiile articolului 16 şi 18.

Comitetul de direcţie se paote pronunţa fie in favoarea finanţării fie împotriva acordării finanţării. Deci, avem următoarele două situaţii:

Dacă Comitetul de direcţie se pronunţă în favoarea finanţării, trebuie să prezinte propunerea aferentă Consiliului de administraţie; Comitetul de direcţie poate condiţiona avizul său favorabil unor cerinţe pe care le consideră esenţiale;

Dacă Comitetul de direcţie se pronunţă împotriva acordării finanţării, trebuie să prezinte Consiliului de administraţie documentele necesare, însoţite de avizul său.

În cazul în care avizul Comitetului de direcţie este negativ, Consiliul de administraţie nu poate acorda finanţarea în cauză decât în unanimitate.

În situaţia în care avizul Comisiei este negativ, Consiliul de administraţie nu poate acorda finanţarea în cauză decât cu unanimitate, administratorul numit prin desemnarea Comisiei abţinându-se de la vot.

În cazul avizului negativ al Comitetului de direcţie şi al Comisiei, Consiliul de administraţie nu poate acorda finanţarea în cauză.

Dacă, în vederea protejării drepturilor şi intereselor Băncii, se impune restructurarea unei operaţiuni de finanţare aferente investiţiilor aprobate, Comitetul executiv adoptă imediat măsurile de urgenţă pe care le consideră necesare, sub rezerva înaintării fără întârziere a unui raport cu privire la aceasta Consiliului de administraţie.

4.9. Principiile Băncii Europene de Investiţii (art.18)

În cadrul operaţiunilor sale de finanţare, Banca trebuie să respecte următoarele principii:

1. Banca veghează ca fondurile sale să fie utilizate cât mai raţional posibil în interesul Uniunii.

Ca atare BEI nu poate acorda împrumuturi sau garanţii decât în următoarele condiţii:

(a) dacă plata dobânzii şi a amortizării este asigurată din beneficiile de exploatare, în cazul investiţiilor realizate de întreprinderi din sectorul de producţie, sau în cazul altor investiţii prin angajament asumat de statul în care se realizează investiţia sau în orice alt mod şi

(b) dacă executarea investiției contribuie la creșterea productivității economice în general și dacă favorizează realizarea pieței interne.

2. Banca nu trebuie să dobândească nici o participație la întreprinderi și nici să-și asume răspundere de gestiune decât dacă protecția drepturilor sale nu solicită acest lucru în vederea garantării recuperării creanței sale.

Totuși, în cadrul principiilor stabilite de Consiliul guvernatorilor în temeiul articolului 7 alineatul (3) litera (b), în cazul în care realizarea operațiunilor prevăzute la articolul 309 din Tratatul privind funcționarea Uniunii Europene impune acest lucru, Consiliul de administrație adoptă, cu majoritate calificată, condițiile și modul de realizare a unei participări la capitalul unei societăți comerciale, în general pentru a completa un împrumut sau o garanție, în măsura în care acest lucru este necesar pentru finanțarea unei investiții sau a unui program.

3. BEI poate ceda creanțele sale pe piața de capital și poate, în acest scop, solicita de la debitorii săi emisiunea de obligațiuni sau alte titluri.

4. Nici BEI, nici statele membre nu trebuie să impună condiții conform cărora sumele împrumutate trebuie cheltuite în cadrul unui anume stat membru.

5. BEI poate condiționa acordarea de împrumuturi de organizarea de licitații internaționale.

6. BEI nu finanțează, parțial sau în totalitate, nicio investiție la care se opune statul membru pe teritoriul căruia această investiție trebuie realizată.

7. Pe lângă activitățile de credit, BEI poate asigura servicii de asistență tehnică, în condițiile și modalitățile stabilite de Consiliul guvernatorilor, care hotărăște cu majoritate calificată, respectând în același timp prezentul statut.

4.10. Contractarea împrumuturilor de către Banca Europeană de Investiții (art.19)

BEI împrumută de pe piețele de capital resursele necesare îndeplinirii obiectivelor sale.

BEI poate contracta împrumuturi de pe piețele de capital ale statelor membre, în conformitate cu dispozițiile legale aplicabile piețelor în cauză.

Autoritățile competente ale unui stat membru care face obiectul unei derogări în înțelesul articolului 139 alineatul (1) din Tratatul privind funcționarea Uniunii Europene se pot opune acestor operațiuni numai în cazul în care există riscul unor tulburări grave pe piața de capital a statului în cauză.

4.11. Utilizarea disponibilităților de către Banca Europeană de Investiții (art.21)

BEI poate utiliza disponibilitățile de care nu are imediată nevoie pentru a face față obligațiilor sale în următoarele condiții:

(a) pentru efectuarea de plasamente pe piețele monetare;

(b) pentru cumpărarea sau vânzarea de titluri, sub rezerva dispozițiilor articolului 18 alineatul (2);

(c) pentru efectuarea oricărei alte operațiuni financiare în legătură cu obiectul său de activitate.

Fără a aduce atingere dispozițiilor articolului 23, BEI nu efectuează în gestionarea plasamentelor sale nici un arbitraj de devize care nu este neapărat necesar pentru realizarea împrumuturilor sale sau pentru îndeplinirea angajamentelor pe care le-a contractat ca urmare a împrumuturilor sau garanțiilor acordate de ea.

În domeniile vizate de prezentul articol, BEI acţionează de comun acord cu autorităţile competente ale statelor membre sau cu băncile centrale naţionale ale acestora.

4.12. Fondul de rezervă al Băncii Europene de Investiţii (art.22)

Se constituie treptat un fond de rezervă în limita a 10 % din capitalul subscris. Dacă situaţia angajamentelor BEI o justifică, Consiliul de administraţie poate decide constituirea unor rezerve suplimentare. Cât timp acest fond de rezervă nu va fi fost în întregime constituit, trebuie alimentat prin:

(a) încasări din dobânzi provenind din împrumuturile acordate de Bancă din sumele vărsate de statele membre în temeiul articolului 5;

(b) încasări din dobânzi provenite din împrumuturile acordate de Bancă din sumele constituite din rambursarea împrumuturilor menţionate la litera (a), în măsura în care aceste încasări din dobânzi nu sunt necesare pentru executarea obligaţiilor şi pentru acoperirea cheltuielilor Băncii.

Resursele fondului de rezervă trebuie plasate astfel încât să fie în orice moment în stare să răspundă obiectului acestui fond.

4.13. Activele Băncii Europene de Investiţii (art.23)

BEI este întotdeauna autorizată să transfere într-una din monedele statelor membre a căror monedă nu este euro activele pe care le deţine pentru a realiza operaţiuni financiare în conformitate cu obiectul său de activitate, aşa cum este definit în articolul 309 din Tratatul privind funcţionarea Uniunii Europene şi luând în considerare dispoziţiile articolului 21 din prezentul statut.

BEI evită să procedeze pe cât posibil la astfel de transferuri dacă deţine active disponibile sau care pot fi mobilizate în moneda de care are nevoie.

BEI nu poate converti în devize ale ţărilor terţe activele pe care le deţine în moneda unuia dintre statele membre a căror monedă nu este euro, fără acordul acestui stat.

BEI poate dispune liber de fracţiunea din capitalul vărsat, precum şi de devizele împrumutate pe terţe pieţe.

Statele membre se angajează să pună la dispoziţia debitorilor BEI devizele necesare rambursării împrumuturilor acordate şi dobânzilor la împrumuturile acordate sau garantate de Bancă pentru investiţii care se realizează pe teritoriul lor.

4.14. Dispoziţiile procedurale privind Banca Europeană de Investiţii

Litigiile dintre Bancă pe de o parte, şi creditorii, debitorii săi sau terţi, pe de altă parte, sunt soluţionate de instanţele naţionale competente, sub rezerva competenţelor atribuite Curţii de Justiţie a Uniunii Europene.

În cadrul contractelor încheiate, Banca poate prevedea o procedură de arbitraj.

Bunurile şi activele Băncii nu pot face obiectul sechestrului sau executării silite decât prin hotărâre judecătorească

Bunurile Băncii sunt exceptate de la confiscare sau expropriere sub orice formă.

În cazul în care Consiliul guvernatorilor decide suspendarea activităţii Băncii, toate activităţile trebuie întrerupte imediat, cu excepţia operaţiunilor necesare pentru a asigura utilizarea, protecţia şi conservarea bunurilor, precum şi lichidarea angajamentelor.

În cazul lichidării, Consiliul guvernatorilor numeşte lichidatorii şi le dă instrucţiuni pentru a efectua lichidarea.

Consiliul Guvernatorilor asigură protecţia drepturilor membrilor personalului.

În limitele stabilite în continuare, Curtea de Justiţie a Uniunii Europene este competentă să judece litigiile cu privire la măsurile adoptate de organele unui organism care intră sub incidenţa dreptului Uniunii. Orice membru al unui astfel de organism, în această calitate, sau statele membre, pot înainta o acţiune împotriva unor astfel de măsuri în condiţiile prevăzute la articolul 263 din Tratatul privind funcţionarea Uniunii Europene.

Consiliul guvernatorilor, hotărând în unanimitate, poate decide să admită personalul organismelor care intră sub incidenţa dreptului Uniunii în regimuri comune cu Banca, în conformitate cu procedurile interne respective.

4.15. Colaborarea Băncii Europene de Investiţii cu organizaţiile internaţionale (art.14)

BEI colaborează cu toate organizaţiile internaţionale care exercită activităţi în domenii de activitate similare.

BEI caută toate contactele necesare în vederea cooperării cu instituţiile bancare şi financiare ale ţărilor în care îşi desfăşoară operaţiunile

BEI este competentă să participe la administrarea organismelor menţionate anterior şi să contribuie la capitalul subscris al acestora cu suma stabilită de Consiliul guvernatorilor care hotărăşte în unanimitate.

Protocolul privind privilegiile şi imunităţile Uniunii Europene se aplică organismelor internaţionale, în măsura în care acestea sunt reglementate de dreptul Uniunii, membrilor organelor acestora în exerciţiul funcţiilor lor, precum şi personalului acestora, în termeni şi condiţii identice cu cele aplicabile BEI.

Dividendele, câștigurile din capital sau alte forme de venit obținute de organismele internaționale, la care au dreptul alți membri decât Uniunea Europeană și BEI, rămân, cu toate acestea, sub incidența dispozițiilor fiscale prevăzute de legislația aplicabilă.

5. FONDUL EUROPEAN DE INVESTIȚII[38]

5.1. Precizări prealabile

Statutul Băncii Europene de Investiții (BEI) abilitează Consiliul Guvernatorilor Băncii să decidă în unanimitate cu privire la crearea unui Fond European de Investiții (FEI). FEI a fost instituit printr-o decizie a Consiliului Guvernatorilor din 25 mai 1993 și și-a început activitatea în anul 1994 cu sediul la Luxemburg. Acest statut definește obiectivele, structura, capitalul, membrii, resursele financiare, instrumentele de intervenție, normele de control, precum și relația dintre organele BEI și cele ale Fondului European de Investiții.

Fondul European de Investiții investește în fonduri de capital de risc pentru a sprijini întreprinderile care cunosc o dezvoltare rapidă sau care operează în noile sectoare tehnologice. De asemenea, oferă garanții pentru portofoliile de creanță asupra IMM-urilor băncilor care acordă împrumuturi pe termen mediu sau lung acestor categorii de întreprinderi. Acesta oferă totodată consiliere strategică și tehnică omologilor săi din sectorul public și privat, activitate pe care o desfășoară prin divizia „*Ingineri financiare și servicii de consiliere*". Precizăm că, Fondul European de Investiții nu este o instituție creditoare: nu acordă credite sau subvenții și nici nu investește direct în vreo societate. În schimb, acționează prin bănci și alți intermediari financiari, folosind fie propriile fonduri, fie pe cele care îi sunt încredințate de BEI sau de Uniunea Europeană.

Fondul European de Investiții este activ în statele membre ale Uniunii Europene, în Turcia și în trei state AELS (Islanda, Liechtenstein și Norvegia).

---

[38] http://europa.eu/legislation_summaries/institutional_affairs/institutions _bodies _and_agencies/o10007_ro.

5.2. Obiectivele Fondului European de Investiţii

Principalul obiectiv al Fondului European de Investiţii este să sprijine crearea, creşterea şi dezvoltarea întreprinderilor mici şi mijlocii (IMM) prin intermediul unor instrumente de capital de risc şi al unor garanţii.

Fondul European de Investiţii îşi poate exercita activităţile pe teritoriul statelor membre, în ţările candidate al căror proces de aderare a fost demarat, în ţările Asociaţiei Europene a Liberului Schimb (AELS) şi în ţările limitrofe ale Uniunii Europene în cazul proiectelor transfrontaliere.

Fondul European de Investiţii are personalitate juridică şi dispune de autonomie financiară. Acesta sprijină obiectivele comunitare prin: acordarea de garanţii şi de alte instrumente comparabile pentru împrumuturi şi alte obligaţii financiare sub orice formă permisă din punct de vedere juridic; achiziţionarea, deţinerea, administrarea şi transmiterea participaţiilor în întreprinderi, în condiţiile enunţate în acordul Adunării generale a FEI; alte activităţi legate de misiunea FEI, inclusiv împrumuturile. În acest scop, statutul prevede un capital iniţial de două miliarde de euro. Capitalul poate fi majorat prin hotărârea adunării generale, luată cu o majoritate de 85 % din voturile exprimate. În cazul unei majorări de capital, fiecare membru are dreptul să subscrie o fracţiune din majorare egală cu raportul existent între acţiunile subscrise de acesta şi capitalul FEI înainte de majorare.

Membrii Fondului răspund pentru obligaţiile FEI numai până la concurenţa cotei de participare a acestora la capitalul subscris şi nevărsat.

5.3. Organele de conducere ale Fondului European de Investiții

Conducerea Fondului European de Investiții este asigurată de: *Adunarea generală; Consiliul de administrație* și *Directorul general.*

1. Adunarea generală. Adunarea generală este formată din membrii Fondului. Adunarea generală adoptă în principal hotărârile care autorizează Fondul să efectueze operațiunile financiare necesare pentru a urmări obiectivele comunitare. În plus, Adunarea generală: aprobă *Regulamentul de procedură al Fondului European de Investiții*; hotărăște admiterea de noi membri; aprobă raportul anual prezentat de consiliul de administrație; aprobă bilanțul anual și contul de profit și pierderi;stabilește alocarea și distribuirea veniturilor nete ale Fondului European de Investiții etc. Adunarea generală se întrunește cel puțin o dată pe an la convocarea președintelui consiliului de administrație. Fiecare membru al Fondului European de Investiții dispune de un număr de voturi egal cu numărul acțiunilor subscrise de acesta. Hotărârile se adoptă cu majoritatea voturilor exprimate, mai puțin în cazul în care prezentul statut prevede altfel. Cvorumul necesar pentru ca adunările generale să se poată desfășura se consideră atins în cazul în care membrii prezenți sau reprezentați dețin cel puțin 50 % din capitalul subscris. Adunarea generală este prezidată de reprezentantul membrului care deține cel mai mare număr de acțiuni ale Fondului European de Investiții. Adunarea generală poate să modifice numărul membrilor Consiliului de administrație.

2. Consiliul de administrație. Consiliul de administrație este format din șapte membri numiți de adunarea generală și desemnați de membrii Fondului European de Investiții . Membrii Consiliului de administrație acționează în mod independent pentru îndeplinirea intereselor Fondului European de Investiţii. Aceştia răspund numai în faţa Adunării generale. Mandatul lor este de doi ani şi poate fi reînnoit. Consiliul de administraţie are următoarele atribuţii: hotărăşte cu privire la toate operaţiunile Fondului European de Investiţii; adoptă orientările şi principiile directoare cu privire la operaţiunile Fondului European de Investiţii; gestionează fondurile proprii; formulează propunerile care urmează să fie prezentate Adunării generale; stabileşte condiţiile generale de achiziţionare a participaţiilor; stabileşte criteriile de randament pentru operaţiunile Fondului European de Investiţii etc.. Consiliul de administraţie este prezidat de unul dintre membrii săi. Consiliul se întruneşte ori de câte ori o impun interesele Fondului uropean de Investiţii şi cel puţin o dată pe trimestru. Hotărârile se iau cu majoritate, condiţia fiind ca cel puţin jumătate din membrii Consiliului de administraţie să fie prezenţi.

3. Directorul general. Directorul general conduce Fondul European de Investiţii în mod independent, dar răspunde în faţa Consiliului de administraţie. Directorul general este numit pentru un mandat de cinci ani care poate fi reînnoit. Directorul general este responsabil de gestionarea curentă a Fondului European de Investiţii. În acest scop, directorului general îi revin următoarele atribuţii: să acţioneze potrivit orientărilor şi principiilor directoare adoptate de Consiliul de administraţie; să prezinte Consiliului de administraţie raportul anual al Fondului European de Investiţii; să stabilească, sub responsabilitatea sa, situaţia contabilă anuală a Fondului European de Investiţii; să prezinte Consiliului de administraţie rapoartele şi documentele adiţionale prevăzute în statut.

5.4. Funcţionarea Fondului European de Investiţii

Situaţia financiară a Fondului European de Investiţii este verificată anual de Comisia de audit formată din minimum trei şi maximum cinci auditori numiţi de Adunarea generală.

Nivelul remuneraţiilor sau al altor venituri vizate de Fondul European de Investiţii aferente activităţilor acestuia, trebuie să reflecte riscurile asumate, să acopere cheltuielile de funcţionare şi să permită constituirea de provizioane.

În ceea ce priveşte acordarea de garanţii, limitele angajamentelor Fondului European de Investiţii se stabilesc de către Consiliul de administraţie iar limitele corespunzătoare angajamentelor Fondului European de Investiţii în participaţiile în întreprinderi se stabilesc de către Adunarea generală. Angajamentele globale ale Fondului European de Investiţii nu pot să depăşească, pentru operaţiunile de garantare, de trei ori valoarea capitalului subscris (acest plafon poate fi majorat printr-o hotărâre a Adunării generale, dar nu trebuie să depăşească de cinci ori valoarea capitalului subscris) iar, pentru achiziţionarea de participaţii, valoarea hotărâtă de Adunarea generală.

Consiliul de administraţie poate suspenda temporar operaţiunile Fondului European de Investiţii în cazul în care împrejurările impun acest lucru. Consiliul de administraţie sesizează Adunarea generală, care hotărăşte cu o majoritate calificată de 85 % din voturile exprimate cu privire la încetarea definitivă a operaţiunilor Fondului European de Investiţii.

Fondul cooperează, în cadrul misiunilor sale, cu terţe părţi, cum ar fi organizaţiile internaţionale. Litigiile dintre Fond şi beneficiarii săi sunt soluţionate de către instanţele naţionale competente.

6. BANCA EUROPEANĂ PENTRU RECONSTRUCȚIE ȘI DEZVOLTARE[39]

6.1. Scopul și funcțiile Băncii Europene pentru Reconstrucție și Dezvoltare

BERD a fost creată în anul 1991 în contextul transformărilor profunde care au marcat climatul politic și economic din țările Europei centrale și răsăritene. Acordul de creare a BERD a fost semnat la 20 mai 1990 de țările Uniunii Europene și de Banca Europeană de Investiții și a început să funcționeze la 15 aprilie 1991. BERD susține reconstrucția și dezvoltarea economică a țărilor din centrul și estul Europei, intesificarea tranziției la economia de piață, promovarea inițiativei private și antreprenoriale și aplicarea principiilor pluri partidiste, pluralismului și economiei de piață.[40]

BERD pentru a sprijini tranziția la economia de piață a țărilor din centrul și estul Europei, asistă aceste țări în vederea implementării reformelor economice structurale și sectoriale, respectiv demonopolizarea, descentralizarea și privatizarea prin următoarele măsuri:[41]

- promovarea prin intermediul investitorilor privați și altor investitori a creării, îmbunătățirii și extinderii sectorului privat productiv și îndesebi a întreprinderilor mici și mijlocii;
- mobilizarea capitalurilor interne și externe și îmbunătățirea mamagementului pentru realizarea investițiilor;

---

[39] N., C.,Aniței. *Insituțiile financiare internaționale*, Editura Lumen, Iasi, 2013, pp.151-158.

[40] Ibidem.

[41] Agreement Establishing the European Bank for Reconstruction and Development, 1992, art. 2.

- promovarea investițiilor în domeniul productiv, în servicii, în infrastructură, realizarea unui mediu competitiv și susținerea creșterii productivității muncii;
- furnizarea de asistență tehnică în pregătirea, finanțarea și implementarea proiectelor de investiții individuale sau în cadrul unor programe de investiții;
- stimularea și încurajarea dezvoltării piețelor de capital;
- sprijinirea realizării unor proiecte valabile din punct de vedere economic care implică mai multe țări membre;
- promovarea unor activități și realizarea unor proiecte în domeniul mediului;
- realizarea unor activități și furnizarea altor servicii care să asigure tranzițiala economia de piață și promovarea inițiativei private.

În vederea realizării celor ami sus menționate BERD cooperează cu țările membre, cu FMI, Banca Internațională pentru Reconstrucție și Dezvoltare; Corporația Financiară Internațională, Agenția Multilaterală de Garantare a Investițiilor și cu alte organisme publice și private, implicate în dezvoltarea economică a țărilor din centrul și estul Europei.

6.2. Capitalul Băncii Europene pentru Reconstrucție și Dezvoltare

Capitalul autorizat al BERD se cifrează la 10 miliarde euro, reprezentat de un milion de acțiuni (nominale și la purtător) cu valoare nominală de 10.000 de euro care sunt disponibile pentru subscrierea membrilor. Numărul inițial de acțiunisubscrise de țările admise drept membri se decide de către Consiliul Guvernatorilor.[42]

---

[42] Agreement Establishing the European Bank for Reconstruction and Development, 1992, art. 4.

Consiliul Guvernatorilor revede la intervale de 5 ani capitalul BERD cu o putere de vot de cel puţin două treimidin numărul total. În cazul unei creşteri a capitalului autorizat, fiecare membru are oportunitatea rezonabilă de a subscrie, în condţiile şi termenii determinaţi de Consiliul Guvernatorilor în raport de proporţia la capitalul subscris anterior.

Subscrierile iniţiale la capitalul social au fost realizate de ţările Uniunii Europene (55,8%), comisia Comunităţii Europene şi Banca Europeană de Investiţii (3%), alte ţări ale Europei de vest (12%), SUA (10%), Japonia, Germania, Franţa, Italia, Marea Britanie (fiecare cu 8,5%), Canada (3,4%), Australia (1%), Coreea de Sud (0, 65%), Mexic (0,3%), Maroc, Egipt, ţările Europei centrale şi Orientale din fosta URSS (10,7%).[43]

Resursele ordinare ale BERD mai cuprind pe lângă capitalul autorizat al băncii, fondurile obţinute din împrumuturi, fondurile primite prin restituirea împrumuturilor sau garanţiilor, venitul obţinut din împrumuturi şi investiţii.

6.3. Operaţiunile Băncii Europene pentru Reconstrucţie şi Dezvoltare

Ţara care îi solicită BERD să îi asigure acces la resursele sale pentru scopuri limitate pe o perioadă de trei ani, beneficiază la cerere şi de asistenţă tehnică, alte tipuri de asistenţă financiară pentru finanţarea sectorului privat, pentru a facilita tranziţia întreprinderilor de stat la proprietatea privată şi stimularea concurenţei. Suma totală a sistenţei furnizate nu va depăşi suma totală a banilor lichizi şi a ordinelor de plată deţinute de această ţară pentru acţiunile sale.[44]

---

[43] Gheorghe, Voinea. Mecanisme şi tehnici valutare şi financiare internaţionale, Editura SEDCOM LIBRIS, Iaşi, 2004, p. 304.
[44] Idem, p. 305.

Operațiunile BERD se delimitează în operațiuni finanțate din resursele ordinare de capital și operațiuni finanțate din fondurile speciale. Resursele ordinare de capital, se utlizează, angajează și investesc separat de resursele din fondurile speciale.

BERD efectuează operațiile pentru realizarea scopului și funcțiilor sale prin mai multe metode:

- prin finanțarea sau cofinanțarea împreună cu instituțiile multilaterale, băncile comerciale sau prin participarea la împrumuturi a întreprinderilor, pentru a facilita tranziția la proprietatea privată și sporirea capitalului privat;
- investiții în cadrul întreprinderilor din sectorul privat, în întreprinderile de stat competitive, care sunt orientate spre economia de piață;
- facilitarea accesului pe piețele de capital naționale sau internaționale a întreprinderilor din sectorul privat;
- coordonarea de resurse din sectorul privat;
- acordarea de resurse din fondurile speciale;
- efectuarea sau participarea la împrumuturi sau furnizarea de asistență tehnică pentru reconstruirea și dezvoltarea infrastructurii, inclusiv programe de mediu.

6.4. Membrii și organizarea Băncii Europene pentru Reconstrucție și Dezvoltare

Membrii BERD sunt țările membre ale Comunității Economice Euroene: Belgia, Danemarca, Franța, Germania, Grecia, Irlanda, Luxemburg, Marea Britanie, Olanda, Portugalia, Spania, precum și alte țări: SUA, Canada, Japonia, Australia, Noua Zeelandă, Coreea de Sud, Maroc, Turcia, Cipru, Malta, Bulgaria, Polonia, România, Ungaria.

BERD este condusă de către Consiliul Guvernatorilor, Consiliul Directorilor, de un președinte, unul sau mai mulți vicepreședinți.

Consiliul Guvernatorilor este format din reprezentanții țărilor și instituțiilor membre, respectiv, miniștrii de finanțe, guvernatori ai băncilor centrale sau miniștri de externe.La fiecare reuniune anuală Consiliul alege un guvernator în calitate de director.

Consiliul Guvernatorilor deleagă Consiliului Directorilor unele din atribuțiile sale cu excepția următoarelor: aprobă admiterea de noi membri și condițiile de admitere, majorarea sau reducerea capitalului, suspendarea unui membru, acordurile de cooperare cu alte organizații, numește directorii și președintele, aprobă bilanțul și contul de profit și pierdere, determină rezervele, aprobă modificarea statutului.

Consiliul Directorilor, alcătuit din 23 de membri din care 11 sunt aleși de guvernatorii care reprezintă: Belgia, Danemarca, Franța, Germania, Grecia, Irlanda, Italia, Luxemburg, Olanda, Portugalia, Spania, Marea Britanie, Comunitarea Economică Europeană și Banca Europeană de Investiții, iar 12 sunt aleși de guvernatorii care reprezintă alte țări membre. Directorii sunt persoane de înaltă competență în domeniul financiar, aleși pe o perioadă de trei ani și au un supleant.

Consiliul Directorilor răspunde de administrarea operațiunilor băncii exercitând următoarele activități: pregătirea lucrărilor Consiliului Guvernatorilor, fundamentarea politicilor și a deciziilor privind împrumuturile, garanțiile, investițiile, asitența tehnică, prezentarea costurilor anuale spre aprobare Consiliului Guvernatorilor și aprobarea bugetului.

Președintele BERD este ales de către Consiliul guvernatorilor cu majoritatea voturilor exprimate, pentru o perioadă de patru ani, reprezintă legal banca, conduce personalul, gestionează afacerile curente ale băncii.

Consiliul directorilor numește unul sau mai mulți vicepreședinți la recomandarea președintelui pentru un mandat determinat și pentru atribuții delimitate.

Dreptul de vot al fiecărui membru depinde de numărul de acțiuni subscrise la capitalul social al băncii. În cazul în care un membru nu plătește suma corespunzătoare obligațiilor sale privind acțiunile nu-și poate exercita puterea de vot.

Deciziile Consiliului Gvernatorilor și ale Consiliului directorilor se adoptă cu majoritatea voturilor exprimate, cu unele excepții, la care adoptarea se realizează cu cel puțin două treimi din votul total al membrilor.

Retragerea calității de membru a BERD se poate face de oricare dintre membri prin transmiterea unui aviz scris la sediul principal, retragerea devenind definitivă, încetând și calitatea de membru dar nu mai înainte de expirarea perioadei de șase lunide la dat primirii avizului.

În situația în care unul dintre membri nu-și îndeplinește obligațiile sale față de BERD, acesta poate fi suspendat printr-o decizie adoptată cu o majoritate de două treimi din voturile guvernatorilor. Pe timpul suspendării membrul numai poate să-și exercite drepturile. După data la care un membru este suspendat el va răspunde pentru obligațiile directe în fața BERD.

Dacă un membru își încetează activitatea, BERD va răscumpăra acțiunile acestui membru. Prețul acțiunilor este valaorea dată de conturile băncii.

6.5. Statut, imunități, privilegii și scutiri

BERD acordă imunitățile, privilegiile și scutirile pe teritoriul oricărei țări membre în vederea realizării scopului și îndeplinirii funcțiilor sale.

BERD are personalitate juridică, poate încheia contracte, dobândi bunuri mobile și imobile și poate institui diferite proceduri legale. Nu pot fi confiscate, expropiate şi achiziţionate bunurile şi propiretăţile băncii pe orice teritoriu s-ar afla acestea. Aceste bunuri nu pot fi: supuse regulilor, restricţionate şi controlate.

Guvernatorii, directorii, supleanţii, angajaţii băncii se bucură de imunitate în exercitarea atribuţiilor sale.

Nu sunt supuse impozitării directe activităţile oficiale ale băncii, bunurile, proprietăţile şi nici profitul realizat de aceasta.

În situaţia în care există neînţelegeri între BERD şi un fost membru sau între BERD şi orice membru, se vor supune aceste neînţelegeri arbitrării unui tribunal format din trei judecători: unul numit de BERD, altul de membrul cu care BERD are divergenţe şi al treilea membru dacă părţile sunt de acord, va fi numit de preşedintele Curţii Internaţionale de Justiţie.

7. EURO CA MONEDA A UNIUNII EUROPENE[45]

7.1. Scurt istoric al monedei unice europene

Din punct de vedere istoric, în Europa, ca și în cazul altor continente, primii bani au fost de metal (aur și argint), coexistând o perioadă îndelungată o imensă varietate de valute. Practic, pe fiecare feudă, lordul local controla baterea de monedă. Identificarea monedei cu statul are loc în secolul al XIX-lea, odată cu apariția statelor-națiune. În această perioadă circulau, în paralel, monedele din aur și argint. Practic, existau două tipuri de monede – de aur și de argint – și, deci, două tipuri de uniuni monetare, primele, fără frontiere naționale.

Marea Britanie a fost prima țară care a abandonat argintul pentru baterea monedelor în favoarea etalonului aur.

Bimetalismul este menținut în cadrul primei uniuni monetare – Uniunea Monetară a Europei Latine, din 1865, alcătuită din Belgia, Franța, Italia și Elveția. Această uniune monetară a viețuit până în 1878, când descoperirile masive de argint din Nevada au împins prețul argintului în jos, aurul fiind transformat în etalon standard.[46]

A doua uniune monetară a apărut în 1873, statele membre fiind Danemarka, Norvegia și Suedia. Monedele acestor state circulau liber în toate acestea. Naționalismul exacerbat din acea perioadă a condus la declinul și abandonarea acestei uniuni monetare în 1924.

---

[45] N.C, Anitei. R.E., Lazăr *Drept bancar si valutar,* Editura Universul Juridic, București, 2011, pp. 178-203; Lazăr R., *Romania and the monetary union,* în Jurnalul de Studii Juridice nr. 1-2/iunie 2010, pp. 79-86.

[46] A se vedea Baldwin R., Wzplosz Ch., *Economia integrării europene,* Ed. Economică, București, 2006, p. 292.

Acestea sunt primele uniuni monetare, în absența completă însă a unui acord comercial și a unei bănci centrale comune.

7.2. Denumirea de "EURO"

Numele "euro" a fost ales de șefii de state sau guverne europene în cadrul întâlnirii Consiliului European la Madrid în decembrie 1995.

A fost inspirat de litera grecească epsilon, cu referire la leagănul civilizației europene, dar și la prima litera din cuvântul "Europa". Liniile paralele simbolizează stabilitatea euro.

Denumirea de "euro" a fost considerată cea mai ușor de pronunțat în toate limbile vorbite în satele membre ale Uniunii Europene și a obținut cele mai bune rezultate în toate sondajele de opinie.

Denumirea de „EURO"a provocat lungi discuții între diferite state: autoritatile germane au propus inițial adăugarea de prefixe „euro" denumirilor monedelor naționale, formând astfel eurofranci, euromărci, europesetas - soluție care a fost abandonată rapid, deoarece ar fi creat confuzii prin perpetuarea a multiple denumiri. Au mai existat propuneri[47] precum „franken" (neagreat însă de spanioli, cărora le suna destul de aproape de Franco), „florin" (propus de primul ministru al Marii Britanii și sustinut de Olanda) sau „ducat" și „coroană" (respinse vehement de statele republicane).

Consiliul European de la Madrid din 15-16 decembrie 1995 a stabilt ca denumirea monedei să fie „euro". Totuși, chiar în cadrul Consiului au existat discuții legate de denumire. Primul-ministru britanic a afirmat că „nu îi făcea sângele să curgă în vene", iar grecii au punctat că noua monedă se

---

[47] Benjamin Angel, *L'Union economique et monétaire*, Editions Ellipses, Paris, 2006, p. 7.

numeşte destul de aproape fonetic de cuvântul elen echivalent pentru urină[48].

7.3. Alegerea siglei €

La începutul anului 1996, un funcţionar al Direcţiei Generale pentru Educaţie şi Cultură a Comisiei, Jean-Pierre Malivor, căuta un logo pentru campaniile de comunicare asupra euro, pentru care era însarcinat. Din discuţiile cu comisarul de Silguy, a apărut idea lansării unui simbol, precum o siglă, a viitoarei monede europene. Au fost pregătite zece proiecte, din care de Silguy a selecţionat câteva modele, pe care le-a supus ulterior testării prin sondaj. Conceperea simbolului trebuia să satisfacă trei criterii: să fie uşor de recunoscut ca sugestiv pentru noua Europa; să poată fi facil scris de mână; să aibă un design placut.

Simbolul ales pentru moneda euro este inspirat din grecescul "ypsilon" facând referire la prima literă din cuvântul „Europa" în antichitate. Cele două linii paralele au fost desenate ca o reprezentare a stabilităţii monedei unice. Creatorul acestui simbol este Alain Billiet. Ca urmare a alegerii acestui simbol, acesta trebuia prezentat atâta timp cât nimeni nu mandatase Comisia pentru pregătirea simbolului euro. Astfel, € a fost imprimat pe eşarfe albastre din caşmir, distribuite la Consiliul European de la Dublin, din decembrie 1996.

Şefii de state le-au folosit, ceea ce a atras atenţia jurnaliştilor – cărora le-au fost distribuite, de asemenea, alte eşarfe şi tricouri cu noua siglă. € a fost reprodus de majoritatea presei mondiale a doua zi. Doar câteva luni mai târziu, Bill Gates prezenta cu mândrie primele tastaturi cu noul semn, ceea

---

[48] Paul R. Krugman, Maurice Obstfeld, Marc Melitz *International Economics* (9th Edition), 2011, p. 616.

ce demonstra un succes dincolo de orice așteptări. Institutul Monetar European a recunoscut, la 15 iulie 1997, „nevoia unui simbol distinctiv codificat al monedei unice" și a anunțat sprijinirea siglei lansate de Comisie.

În momentul creării sale în 1998, Banca Centrală Europeană a integrat sigla € în logo-ul său iar crearea monedei unice a consacrat utilizarea mondială a noului desen.

Bancnotele și monedele euro au ridicat multiple probleme, înainte chiar de a li se discuta designul. În primul rând, producția banilor era extrem de diferită în țările membre. Treisprezece state aveau, în momentul intrării în vigoare a Tratatului de la Maastricht, propriile centre de producție[49].

În Austria, Franța, Belgia, Danemarca, Grecia, Irlanda, Italia și Marea Britanie, atelierele de tipărire erau servicii ale Băncii Centrale. În Finlanda și Suedia, acestea erau societăți private, cu acționar unic Banca Centrală.

În Spania, atelierul de tipărire este un organism public al Institutului de emisiune (la „*Fabrica Nacional de Moneda y Timbre*").

În Olanda, bancnotele sunt tipărite de către o firmă privată, Enschédé, la comanda Băncii Centrale.

În Germania, Bundesbank are doi furnizori diferiți: societatea privată "Giesescke&Devrient" din Munchen și întreprinderea publică "Bundesdruckerei", cu atelierele în Berlin.

Portugalia și Luxemburg nu își produc propriile bancnote, ele fiind tipărite în Anglia și Franța.

Inițial, s-a decis ca fiecare instituție de emisiune să producă toată seria de bancnote euro, însă s-a observat că în anumite state, precum Franța, nu se puteau îndeplini criteriile tehnice și de calitate impuse de BCE.

---

[49] *Op. cit.*, p. 42.

În 2001, Consiliul Guvernatorilor a optat oficial pentru un sistem comun de producție a bancnotelor: în loc să producă întreaga gamă, fiecare bancă centrală s-a specializat pe producția uneia sau a două denominări pentru ansamblul Zonei Euro. Volumele de producție se împart în funcție de partea băncii centrale respective în capitalul BCE și de stocul de bancnote realizate la lansarea euro în 2002. Se prevede, însă, renunțarea la acest al doilea criteriu în mod treptat, în favoarea criteriului „capital". Între 2007 și 2012, băncile centrale fără centru propriu de producție și fără acces la un centru public de producție vor utiliza un sistem comun de cereri de ofertă (SCCO) pentru realizarea cotei-părți care le revine din producția de bancnote a Zonei Euro[50].

După 2012, sistemul comun va deveni regula de principiu, dar de la care vor obține derogare băncile centrale cu ateliere proprii de tipărire. Majoritatea țărilor noi intrate în UE nu beneficiază de centre proprii de producție, ceea ce îi face beneficiari potențiali ai SCCO, atunci când se vor integra în Zona Euro.

Lansarea euro a ridicat multiple probleme referitoare la designul acestora. Dupa cum se știe, existau șapte bancnote, de 5, 10, 20, 50, 100, 200 și 500 de euro, cu o identitate vizuală specifică unei viziuni arhitecturale avangardiste, care nu reiau monumente existente. Astfel, partea din față a bancnotelor este dominată de ferestre și arcade, simbolizând spiritul de deschidere și cooperare din Europa, iar verso-ul fiecarei bancnote schițează imaginea unui pod, punte peste timp, ca o metaforă a comunicării dintre europeni, dar și dintre Europa și restul lumii.

---

[50] *Op. cit.*, p. 46.

Literatura de specialitate[51] precizeză că s-a ajuns cu greu la un acord asupra aspectului şi numelui monedei unice. S-au propus variante, uneori chiar exotice, de design pentru noile bancnote: redarea capodoperei lui Michelangelo, David, sau Europa prinţesa feniciană sedusă şi rapită, iar din mitologia greacă, s-a preferat de Zeus transformat în taur.

O parte din liderii europeni doreau să fie folosite simboluri naţionale pe bancnotele şi monedele euro care urmau să fie scoase de băncile centrale, chiar dacă acestea urmau să circule, practic, pe tot teritoriul european (spre exemplu, britanicii doreau ca aceste monede să aibă imaginea monarhului lor)[52]. În cele din urmă, s-a ajuns la consens în privinţa simbolisticii europene a bancnotelor şi monedelor euro. Astfel, bancnotele şi biletele euro nu vor avea inscripţionate simboluri naţionale dar s-a acceptat ca monedele să aibă o faţă „europeană" şi cealaltă faţă să fie „naţională".

7.4. Definiţia monedei EURO

Uniunea Europeană este prima construcţie în care ţări independente din punct de vedere politic au realizat contopirea monedelor existente.

Euro reprezintă moneda oficială a unor state membre ale Uniunii Europene – în prezent şaisprezece – aflată în circulaţie de la 1 ianuarie 2002.

Înseamnă că tot atâtea state europene au renunţat la unul dintre elementele de bază ale suveranităţii statului – propria monedă. Astfel euro a înlocuit şiling-ul austriac, francul belgian, marca finlandeză, guldenul olandez, escudo-ul portughez şi peseta spaniolă, stând la baza unuia dintre cele mai mari şi mai puternice blocuri comerciale din lume – Uniunea

---

[51] *Op. cit.*, pp. 616–617.
[52] Paul R. Krugman si Maurice Obstfeld, *op. cit.*, p. 616.

Europeană. Altfel spus, moneda unică europeană este cheia de boltă a celei de-a doua piețe ca mărime la nivel global, fiind depășită doar de Statele Unite ale Americii[53]. Schimbând balanța globală a puterii economice, zona monedei euro deține 1/5 din producția globală.

Rolul monedei este esențial în funcționarea oricărei economii contemporane. Moneda reprezintă o valoare standardizată de evaluare (fiind astfel o modalitate constantă de exprimare a valorii), un eficient mijloc de plată (astfel încât prețul fiecărui produs nu va trebui exprimat în forma altor produse cu care ar putea fi schimbat), dar și o modalitate comodă de stocare a valorii, a avuției (făcând posibilă transportarea de valori mari la distanțe mai mici sau considerabile, existând și posibilitatea de stocare o perioadă de timp indefinită).

7. 5. Diviziuni și subdiviziuni monetare

Bancnotele euro au design comun, indiferent de țara de circulație. Aceseta sunt confecționate din hârtie obținută din fibră de 100% bumbac. Sunt formate din șapte denominari, cu reluări de simboluri ale deschiderii europene (poduri, porți) dar și simboluri arhitectonice din perioade artistice diferite.

Euro se prezintă în forma monedelor (eurocenților) și bancnotelor.

La Consiliul Ecofin din Verona, în primăvara lui 1996, guvernele statelor membre au decis că monedele euro vor avea o față europeană și o față națională.

Urmare a concursurilor grafice și alegerilor desfășurate în acest sens, designer a fost desemnat Luc Luyex, un grafician tînăr de la Monetăria Regală din Belgia.

---

[53] Tofan M., *Integrarea României în structurile Uniunii Monetare Europene*, Editura C.H. Beck, București, 2008, p. 127.

Astfel, faţa naţională pentru eurocenţi se prezintă astfel:

- pentru Austria - floarea de colţ şi Mozart;
- pentru Irlanda- harfa celtică;
- pentru Germania – Poarta Brandenburg;
- pentru Olanda – regina Beatrix;
- pentru Belgia – regele Albert;
- pentru Franţa – Marianne;
- pentru Italia – arta italiană de la Vatican;
- pentru Spania – Cervantes;
- pentru Grecia – Zeus.

Monedele de 1, 2 şi 5 eurocenţi pun accentul pe locul Europei în lume, sugerând o Europă fără graniţe.

Monedele de 10, 20 şi 50 eurocenţi descriu Uniunea Europeană ca pe o grupare de naţiuni individuale.

Bancnotele euro l-au avut ca grafician pe Roberta Kalina, de la imprimeria Băncii Centrale a Austriei. Desenele acestuia au fost inspirate de tema "Ani şi stiluri în Europa". Ele prezintă evoluţia stilurilor arhitecturale în Europa, acestea fiind ilustrate prin uşi sau prin poduri. Din punct de vedere simbolistic, uşile semnifică deschiderea, iar podurile – legăturile.

7.6. Statele care utilizează moneda unică europeană

1. State Membre ale Uniunii Europene

În prezent, şaisprezece state europene utilizează moneda unică europeană (Belgia, Germania, Grecia, Spania, Franţa, Irlanda, Italia, Luxemburg, Olanda, Austria, Portugalia, Slovenia, Finlanda, Slovacia, Cipru, Malta).

Amintim cazul special al Sloveniei, aparţinând unui val de integrare relativ recent şi care a reuşit să îndeplinească criteriile de convergenţă rapid astfel încât a intrat fără dificultăţi în zona euro. Totodată, performanţa deosebită a Sloveniei a fost aceea de a asimila fondurile europene anterior termenelor stabilite, fiind solicitate chiar suplimentări ale acestora.

2. Alte state

Euro este utilizată ca monedă și în alte state, care nu sunt state membre ale Uniunii Europene, cum ar fi: Andora, Islanda, Lichtenstein, Monaco, San Marino, Vatican, Muntenegru, Kosovo etc.

În 2005, euro din Vatican aveau, pe partea națională a monedelor, reprezentarea portretului Papei Ioan Paul al II-lea iar în 2006, îl reprezintau pe Benedict al XVI-lea.

Autonomia în materie monetară există la anumite niveluri în Zona Euro. Astfel spre exemplu, Finlanda și Olanda nu folosesc monedele de un eurocent și de doi eurocenți (deși aceste monede au fost fabricate). Precizăm că aceste monede în Finlanda au devenit obiecte de colecție.

Euro este monedă oficială în două teritorii extra-europene: Saint-Pierre-et- Miguelon si Mayotte, care aparțin de Franța (dar nu fac parte din UE). Acestea utilizează moneda euro în baza unei înțelegeri încheiate cu Uniunea Europeana.

Euro este utilizată ca monedă în Andorra, Kosovo și Muntenegru.

De regulă, utilizarea monedei euro în aceste state este condiționată de aranjamente financiare cu Uniunea Europeană. Totuși, Muntenegru și Kosovo nu au nicio înțelegere legală cu Uniunea Europeană.

Celelalte state membre ale Uniunii Europene vor intra în zona euro atunci când vor avea îndeplinite criteriile de convergență stabilite prin Tratatul privind Uniunea Europeană.

3. Clauza de opting out

Marea Britanie și Danemarca au un statut special, fiind beneficiarele directe ale clauzei de opting out (clauză ce le permite să decidă când și dacă vor adopta moneda unică europeană).

În privința Marii Britanii precizăm că nu s-a pus problema trecerii la moneda euro deoarece aceasta a notificat din anul 1998 Consiliul Uniunii Europene că nu intenționează să participe la Uniunea Economică și Monetară.

4.Cazul României

Pentru a putea adopta moneda unică europeană, România va trebui să îndeplinească criteriile de convergență menționate mai jos.

Conform Planului de convergență la zona euro al României, din ianuarie 2007, România va adopta euro în anul 2017.

7.7. Criteriile de convergență

Pentru a putea adopta moneda unică europeană, un stat membru al Uniunii Europene trebuie să îndeplinească o serie de condiții, care să dovedească faptul că se bucură de stabilitate macroeconomică, astfel încât, în momentul adoptării euro, să nu destabilizeze zona euro.

1. Criteriile de convergență nominală

Tratatul de la Maastricht condiționează participarea în cadrul Uniunii Economice și Monetare de îndeplinirea criteriilor de convergență nominală cunoscute și sub numele de „Criteriile de la Maastricht" și anume:

- rată scăzută a inflației, care să nu depășească cu mai mult de 1,5 % cele mai bune performanțe ale statelor membre participante în anul dinaintea examinării;

- dobânzi scăzute pentru creditele pe termen lung, care să nu depășească cu mai mult de 2% dobânzile din cele mai performante state membre participante în anul dinaintea examinării;

- un deficit bugetar care să nu depăşească 3% din PIB;
- datorie publică cumulată care să nu depăşească 60% din PIB;
- stabilitatea cursului de schimb, în sensul menţinerii cursului naţional în limitele marjelor normale de fluctuaţie ale Mecanismul Ratelor de Schimb 2 pentru cel puţin doi ani înaintea intrării în zona euro (art. 121 din Tratatul de la Roma) .

Criteriul de convergenţă a cursului de schimb reprezintă una din condiţiile Tratatului de la Maastricht care trebuie îndeplinită de către statele membre înainte de adoptarea monedei unice.

Aceleaşi criterii, odată întrunite, trebuie respectate şi după intrarea în aşa-numita "zonă euro" (altfel spus, "Euroland") iar nerespectarea lor conduce la declanşarea procedurilor specifice de amendare a statului care încalcă "regulile euro". Astfel, în anul 2003, Consiliul de Miniştri al Uniunii Europene a decis să nu înceapă procedura de amendare a Franţei şi a Germaniei în condiţiile în care cele două state au încălcat repetat (doi ani de zile consecutivi) regulile euro, prin depăşirea pragului de 3% din PIB stabilit pentru deficitul bugetar. În 2004 exista acelaşi pericol, ca cele două state să ignore din nou regula euro anterior menţionată. Conform legislaţiei comunitare se impunea amendarea fiecărei din cele două state membre ale zonei euro cu suma de 7, respectiv 10 milioane euro. În acest context, Comisia Europeană a cerut Consiliului declanşarea procedurilor de amendare. Acesta a refuzat, astfel încât a fost sesizată Curtea de Justiţie a Comunităţilor Europene care a statuat că poziţia Consiliului nu a fost una corectă.

2. Criteriile de convergenţă reală

Pe lângă criteriile de convergenţă nominală, la iniţiativa Comisiei Europene şi a Băncii Centrale Europene, au fost adoptate o serie de criterii care vizează asigurarea convergenţei și coeziunii structurilor economice ale statelor membre și ale celor candidate. Aceste criterii sunt numite „criterii de convergență reală" și se referă la:

- gradul de deschidere a economiei, calculat ca pondere a schimburilor comerciale externe în PIB;

- ponderea comerțului bilateral al țărilor membre ale Uniunii Europene în totalul comerțului exterior;

- structura economiei pe cele trei ramuri principale (industrie, agricultură și servicii);

- PIB-ul pe cap de locuitor, calculat în funcție de paritatea puterii de cumpărare."[54]

3. Valoarea monedei Euro

De la momentul introducerii sale (ianuarie 2002) și până în prezent moneda unică europeană și-a pierdut ¼ din valoarea sa relativă. Motivele pentru această diminuare a valorii sale constau în:

1. lipsa de credibilitate;

2. decalajul pe care Uniunea Europeană îl are față de Statele Unite ale Americii.

Doctrină precizează că, în fapt, credibilitatea internațională a monedei unice europene este legată de capacitatea țărilor participante de a avea finanțe publice sănătoase și de a implementa totodată o reală coordonare a politicilor lor bugetare.[55]

4. Aranjamente monetare în care este implicată moneda unică europeană

Monedele țărilor membre ale Uniunii Europene care nu participă la Uniunea Economică și Monetară (lira sterlină,

---

[54] ww.ier.ro/Proiecte/Brosuri/2005/Uniunea%20economica%20 si%20%20monetara.pdf
[55] Gheorghe C.A., *op.cit.*, p. 144.

coroana suedeză şi daneză) sunt membre ale „New Exchange Rate Mechanism."

În cazul României, pentru a face parte din „New Exchange Rate Mechanism", este imperativă îndeplinirea unor condiţii riguroase. Cea mai importantă condiţie este implementarea unei pieţe de capital cu dobânzi foarte scăzute (adică dobânda maximă să se situeze la 1,5 puncte procentuale peste nivelul european).

Participarea la „*New Exchange Rate Mechanism*" este obligatorie cu cel puţin doi ani de zile anterior intrării în zona euro. Abia după încă doi ani se realizează trecerea efectivă la euro.

7.8. Principalele avantaje ale monedei unice EURO

Moneda unică europeană a reprezentat un pas important în direcţia îndeplinirii obiectivului esenţial al integrării politice „foarte strânse" evidenţiat în tratatele fondatoare ale Uniunii Europene. Principalele avantaje de natură economică sunt directe şi indirecte.

1. Principalele avantaje economice directe:

1. Riscul ratei de schimb. În mediul de afaceri la nivel internaţional, orice decizie de afaceri este afectată în mod negativ de modificările viitoare ale ratelor de schimb. Astfel, cu cât sunt mai puţin previzibile ratele de schimb, cu atât investiţiile străine sunt mai riscante şi cu atât este mai puţin probabil ca aceşti agenţi economic să obţină o creştere pe pieţele externe. Deoarece euro înlocuieşte monedele naţionale, înseamnă că prin introducerea euro este eliminat complet riscul legat de rata de schimb dintre monedele participante la tranzacţii[56]. Aşadar, eliminarea completă a riscului legat de rata de schimb dintre aceste monede reprezintă un avantaj pentru investiţiile internaţionale din zona euro.

2. *Costurile tranzacţiilor.* Costurile legate de conversii de monedă la fiecare trecere a unei frontiere europene sunt eliminate prin introducerea monedei unice europene. Cu titlu de exemplu, dacă firmele producătoare din Franţa vând produse ale lor unor state din Portugalia şi Italia, care îşi vând la rândul lor produsele firmelor din Irlanda şi Olanda, toate aceste operaţiuni comerciale transfrontaliere presupun costuri de conversie a devizelor, realizate prin intermediul marilor instituţii financiare.

3. *Transparenţa preţurilor.* Moneda unică europeană face mai transparente discrepanţele de preţuri dintre preţurile bunurilor ori ale serviciilor, dintre salariile din state membre diferite ale Uniunii Europene, fiind mai uşor de eliminat discriminările de preţ. Cu toate acestea, o atare idee nu trebuie absolutizată. În orice economie preţul este stabilit ca urmare a întâlnirii pe piaţă a cererii, ofertei, reglementărilor şi concurenţei existente. Astfel nimeni nu se poate aştepta ca o cutie de Coca-Cola să aibă acelaşi preţ, unic, în Belgia şi în Austria, tocmai datorită elementelor sus-menţionate, care sunt diferite pe piaţa austriacă, respectiv pe piaţa belgiană. O astfel de aşteptare ar fi disproporţionată şi este inexistentă, chiar şi în S.U.A., stat federal cu o unică monedă cu tradiţie, dolarul, unde preţul unei doze Coca-Cola este diferit în Alabama, faţă de Louisiana[57].

4. *Pieţele financiare profunde.* Motivat de existenţa unor instrumente financiare diferite (titluri guvernamentale, împrumuturi de la bănci comerciale, acţiuni ş.a.), cotate în

---

[56] D., Drosu –Şaguna. M., Raţiu. *Drept bancar,* Editura C.H. Beck, Bucureşti, 2007, p. 305.
[57] *Ibidem,* p. 306.

monedă națională s-a produs o separare a piețelor financiare europene, fiind descurajate investițiile străine. Odată cu introducerea monedei unice europene, bursele europene au cotat toate aceste instrumente financiare în moneda unică europeană. Nemaiexistând impactul psihologic și economic al conversiilor devizelor și cotelor prețurilor externe, piețele financiare europene sunt astfel mai solide.

2 Principalele avantaje economice indirecte:

1. *Stabilitatea macroeconomică.* Moneda unică europeană promovează un regim nou, cu inflație redusă și cu stabilitate macroeconomică. Traducerea în practică a acestui avantaj economic este garantată prin existența „celei mai independente bănci centrale din lume"[58] – Banca Centrală Europeană. În orice stat, banca centrală stabilește rata inflației. În statele naționale, de regulă, politica băncii centrale este influențată de politica guvernamentală, cedând în fața presiunilor politice ale guvernului său. Or, Banca Centrală Europeană este „prima bancă centrală din istorie, fără un guvern care să îi privească peste umăr"[59]. Tot aici se încadrează și stabilitatea monedei unice europene, aceasta trebuind să dovedească că este o monedă puternică. Un euro puternic este imperativ și pentru electoratul din statele care utilizează euro, obișnuit cu un grad ridicat de stabilitate monetară.

2. *Rate reduse ale dobânzilor.* Ratele reduse ale dobânzilor *reprezintă* consecința directă a diminuării inflației și a reducerii ratei de risc pentru schimbul valutar.

3. *Reforma structurală în statele participante la „euroland".* Reforma structurală în statele participante la „euroland" este motivată de necesitatea îndeplinirii criteriile de convergență

---

[58] *Ibidem*, p. 307.
[59] *Ibidem*, p. 307.

impuse prin Tratatul de la Maastrict, care, prin conținutul lor concret reprezintă linii directoare ale unei astfel de reforme structurale.

4. Statutul de monedă în care se păstrază rezervele internaționale. Amintim că în secolul al XIX-lea, lira sterlină era moneda internațională, înlocuită fiind de dolar în secolul al XX-lea. Aceste fapte arată că numai marile economii se pot aștepta ca monedele lor să aibă caracter internațional. Uniunea Europeană îndeplinește aceste condiții. În prezent, uniunea europeană monetară numără 319 milioane persoane, în timp ce S.U.A. doar 302 milioane[60]. PIB-ul Uniunii Europene este de 75% din cel al S.U.A. Stabilitatea monedei este o condiție de asemenea îndeplinită. De altfel, euro a preluat deja de la dolarul american un procent de piață în ceea ce privește statutul de monedă de rezervă, fiind practic a doua monedă internațională. Astfel 37% din schimburile valutare internațioale au loc în euro. Totuși, dolarul american rămâne în continuare principala monedă de rezervă. Este știut că „înlocuirea unei monede fundamentale se datorează în cele din urmă unei crize interne în țara respectivă"[61]. Câștigarea statutului de monedă de rezervă este în funcție de nivelul comerțului internațional și de rata sa de creștere. Astfel, ca procent în economia Statelor Unite ale Americii, comerțul internațional a crescut cu o rată mai mare decât cifrele corespunzătoare economiilor statelor membre ale Uniunii Europene.

5. Creșterea economică. Literatura de specialitate susține că „euro poate spori creșterea economică cu până la un procent pe an"[62].

---

[60] http://www.ecb.int/ecb/educational/facts/euint/html/ei_010.ro.html
[61] Tofan M., *op.cit.*, p. 139.
[62] Drosu Șaguna D., Rațiu M. , *op.cit.*, p. 309.

7.9 Dezavantajele monedei unice EURO

Introducerea monedei unice europene presupune atât avantaje, cât şi dezavantaje, traduse în costuri de tranziţie la moneda unică europeană şi şocuri economice.

1. Costuri de tranziţie. Costurile de tranziţie la moneda unică europeană implică: - sumele de bani cheltuite pentru modificarea formularelor, listelor de preţuri, etichetelor, documentelor tipizate de birou, actelor bancare, bazelor de date, programelor soft-ware, caselor de marcat, automatelor bancare şi contoarelor computerizate bancare. Pentru a reconfigura un singur contor computerizat de parcare a fost nevoie de 800 de dolari. „Firma de consultanţă KPMG a estiat că, finalmente, costul total al tranziţiei se va ridica la aproximativ 50 miliarde de dolari"[63]; - dispariţia unor locuri de muncă, în special în domeniul bancar, motivat de pierderea de către bănci a veniturilor provenind din convertirea devizelor; - traininiguri ale personalului implicat în operaţiuni cu moneda unică europeană.

2. Şocuri economice. Şocurile economice nu mai pot fi contracarate prin ajustarea ratei dobânzilor, intervenţia asupra ratei de schimb şi ajustarea fiscală, la care se poate recurge anterior trecerii la euro. În statele federale (cazul Statelor Unite ale Americii) astfel de şocuri economice sunt depăşite prin mobilitaea forţei de muncă şi prin transferul de bani dinspre bugetul statelor care beneficiază de o perioadă mai bună către statele care cunosc o perioadă mai puţin bună. La nivelul zonei euro este puţin probabilă utilizarea metodelor din S.U.A., pentru două motive principale. În Uniunea Europeană nu este posibilă îngrădirea libertăţii de mişcare a lucrătorilor, iar transferul de bani, în mod masiv, dinspre statele oricum

---

[63] Tofan M., *op.cit.*, p. 132.

contributoare nete la bugetul Uinunii Europene către cele care sunt beneficiare nete, generează nemulţumiri.

7.10. Efectele introducerii monedei unice EURO

Efectele introducerii monedei unice EURO sunt:

- ameliorează funcţionarea pieţei unice europene, optimizând realizarea efectivă a celor patru libertăţi de mişcare (a bunurilor, persoanelor, serviciilor şi capitalului)[64];

- stimularea importurilor şi exporturilor societăţilor naţionale şi multinaţionale, localizate în statele membre Uniunii Economice şi Monetare. Se recomandă agenţilor economici ca până la obişnuinţa utilizării euro să folosească în tranzacţiile comerciale pe care le derulează atât moneda unică europeană, cât şi dolarul, ca monedă de consolidare;

- creşterea gradului de competitivitate între agenţii economici locali şi cei din alte state ale Uniunii Europene, preţurile pentru produsele şi serviciile similare fiind exprimate în una şi aceeaşi monedă;

- creşterea schimburilor comerciale între statele membre ale Uniunii Europene, reprezentând o treime din PIB-ul aferent zonei euro, comparativ cu o pătrime, cum se prezenta situaţia în urmă cu zece ani;

- reducerea pierderilor cauzate agenţilor comerciali locali de riscurile de schimb valutar, cuantificate la 1-2% din valoarea integrală a tranzacţiei;

- activitatea de gestiune a firmei este simplificată, prin faptul că dispare obligativitatea analizei riscului, precum şi a raportului cheltuieli-profit realizată de către agentul economic pentru fiecare tranzacţie comercială în parte;

---

[64] NC. Aniţei. RE. Lazăr. D*rept bancar şi valutar,* Editura Universul Juridic, 2011, pp. 164-165.

- reducerea inflaţiei şi a ratelor dobânzilor pe termen lung;

- creşterea gradului de ocupare a forţei de muncă şi reducerea şomajului;

- stabilitatea preţurilor;

- în ceea ce priveşte preconizata creştere economică, aceasta nu a cunoscut modificări substanţiale raportat la decada premergătoare introducerii monedei unice europene, astfel încât venitul pe cap de locuitor din zona euro a continuat să reprezinte doar 70% din cel înregistrat în Statele Unite ale Americii;

- întărirea identităţii europene la nivel mondial, euro fiind simbolul cert al Europei unite.

7.11. Euro ca monedă internaţională

Banca Centrală Europeană admitea în anul 1999 rolul internaţional pe care urma să îl joace moneda euro, fără a anunţa însa şi politicile de sprijinire în acest sens precizând că: „În concluzie, rolul internaţional al euro este determinat, în principal, de deciziile participanţilor la piaţă, într-un context de integrare crescândă şi de liberalizare a produselor şi a pieţelor de capital peste tot în lume astfel, Eurosistemul adoptă, drept urmare, o poziţie neutră, fără a jena ori a adopta utilizarea internaţională a monedei sale"[65].

Analizele teoretice, în ciuda poziţiilor oficiale mai evazive[66], arată că statutul de monedă internaţională poate determina multiple avantaje. De pilda, hegemonia monetară confera beneficii politice substanţiale. Ţara care deţine o

---

[65] European central Bank, "The International role of the euro", *Monthly Bulletin*, Frankfurt, August 1999, pp. 31-53.
[66] European Central Bank, "The International Role of the Euro", *Monthly Bulletin*, Frankfurt, August 1999, pp. 31-53.

asemenea monedă este ferită de influența externă sau de forme coercitive în formularea și implementarea politicilor economice și poate să își urmarească obiectivele de politică externă cu mai puține constrângeri. Numai țara-sursă a monedei internaționale are privilegiul de a-și finanța deficitele în propria monedă.[67]

Literatura de specialitate[68] precizează că emitentul de monedă internațională beneficiază și de alte avantaje economice, cum ar fi seniorajul și câștigurile de eficiență. Estimările convenționale arată că un procent de pâna la 50-60% din totalul rezervelor în dolari sunt ținute în afara granițelor SUA. Economia subterană (rețelele de crimă organizată, dealerii de droguri etc.) contribuie cu o parte importantă din aceste rezerve iar deținătorii străini de dolari cash oferă în acest mod „credite" fără dobândă Trezoreriei SUA. Fluxul acestui senioraj internațional către SUA este de cca. 0,1% din PIB/an. Câștigurile de eficiență au ca sursă adâncirea schimburilor străine și a piețelor financiare atunci când o monedă este larg utilizată.

În prezent, există trei monede internaționale: dolarul (în continuare, instrumentul de plată cel mai răspândit la nivel comercial), yenul (care joacă rolul monedei aparținând creditorului în ultimă instanță) și euro (care apare ca o nouă provocare).

Euro este o moneda internațională globală deoarece este destinată circulației între diferite state ăi reglementează tranzacții financiare între state.

Ca monedă internațională, euro este un instrument de plată.

---

[67] R., Portes. *The euro in the international financial system,* London Business School and CEPR, january 2002,
http://www.europarl.eu.int/comparl/econ/pdf/emu/speeches/20020123/portes.pdf.
[68] Idem

Impactul euro asupra pieţelor financiare implică: creşterea lichidităţii, adâncirea şi lărgirea pieţelor monetare şi de valori mobiliare (obligaţiuni şi acţiuni), reducerea costurilor de tranzacţionare şi eliminarea riscului de schimb.

Dupa statisticile oficiale ale FMI, euro reprezenta la finele lui 2001 doar 13% din rezervele de schimb ale băncilor centrale din lume, faţă de 68,3% pentru dolar şi numai 4,9% pentru yen.

În plan internaţional, credem că dolarul american va continua sa rămână prima moneda internaţională de rezervă.

Euro este o monedă paralelă pentru o serie de ţări care întreţin relaţii comerciale strânse cu Uniunea Europeană.

7.12. România şi Uniunea Europeană

România ca membră cu drepturi depline a Uniunii Europene, va adopta moneda unică europeană numai atunci când va îndeplini criteriile de convergenţă nominală, stabilite prin *Tratatul de la Maastricht* şi menţionate anerior.

Pentru ţara noastră a rămas imperativă reformarea structurală, necesară pentru a fi capabilă să facă faţă şocurilor economice iminente.

Precizăm că statele din afara zonei euro trimit anual Comisiei Europene rapoarte de convergenţă, în timp ce statele care sunt incluse în *„euroland"* prezintă anual programe de stabilitate.

Spre exemplu în anul 2009, Comisia Europeană a concluzionat că Italia şi Slovacia are probleme cu deficitul bugetar excesiv iar Slovenia are nevoie de continuarea şi consolidarea reformelor fiscale.

Comisia Europeană considera Danemarca model având un surplus bugetar, datorie publică minimă și în scădere[69].

Pentru România prezintă importanță, *Programul de Convergență*, întocmit anual de *Comisia Națională de Prognoză*, cu sprijinul *Ministerului Muncii, Solidarității Sociale și Familiei, Băncii Naționale a României, Institutului Național de Statistică*.

Ediția revizuită din 2009 a *Programul de Convergență*, prevede ca obiective principale:

- aderarea României la Mecanismul European al Ratelor de Schimb (ERM II) până în anul 2012;
- aderarea României la zona euro în anul 2014.

Referitor la îndeplinirea criteriilor de convergență nominală, economia României întâmpină o serie de probleme. Astfel, rata medie anuală a inflației este cu 3,76% superioară nivelului de referință stabilit conform *Tratatului de la Maastricht*.

În ceea ce privește criteriile de convergență reală, impuse prin același tratat, acestea se referă la:

- nivelul PIB/locuitor;
- structura pe sectoare a economiei;
- gradul de deschidere a economiei;
- ponderea comerțului cu Uniunea Europeană în totalul comerțului exterior[70].

Prioritățile asupra cărora Guvernul român va trebui să acționeze în perioada următoare sunt următoarele domenii: educație, cercetare, mediu și infrastructură.

De asemenea, Guvernul român va trebui să se concentreze asupra: politicilor sectoriale care trebuie promovate pentru a crește eficiența utilizării resurselor publice, reformelor structurale care trebuie promovate din punct de

---

[69] http://www.ghiseulbancar.ro/articole/53/4633/tot_articolul_Programul_de_convergenta_al.htm

[70] Rădulescu M., Popescu L., *Băncile centrale și politica monetară*, Ed. Sitech, Craiova, 2008, p. 271

vedere al finanţelor publice, (respectiv reforma sistemului de pensii, reforma sistemului de sănătate), descentralizării, îmbunătăţirii cadrului instituţional şi asupra orientării pe termen mediu în alocarea resurselor publice.

Strategia economică pe termen mediu a Guvernului vizează următoarele obiective: menţinerea stabilităţii macroeconomice, continuarea procesului de dezinflaţie, ajustarea deficitului public şi a deficitului de cont curent până la valori la care să facă posibilă finanţarea lor; protejarea categoriilor de populaţie care sunt cele mai afectate de criza economică; îmbunătăţirea predictibilităţii şi performanţelor politicii fiscale pe termen mediu, maximizarea şi utilizarea eficientă a fondurilor de la Uniunea Europeană; alocarea, cu prioritate, de fonduri bugetare către investiţiile publice în infrastructură ca o sursă alternativă de creare de locuri de muncă; asigurarea sustenabilităţii finanţelor publice pe termen lung; eficientizarea activităţii administraţiei publice.

Un rol important în aderarea României la aderarea la moneda euro îl are strategia monetară elaborată de către Banca Naţională a României. Aceasta încearcă în permanenţă alinierea României la standardele şi practicile internaţionale având ca obiective: asigurarea creşterii economice, controlul inflaţiei, prevenirea crizelor financiare, stabilitatea cursului de schimb real. În practică s-a dovedit că abordarea multiplă şi concomitentă a tuturor acestor obiective este defectuoasă. În acest sens, Banca Naţională a României a urmărit elaborarea unui program în patru etape, etapa finală fiind reprezentată de trecerea la moneda unică europeană, iar toate etapele converg spre unul şi acelaşi obiectiv – ţintirea inflaţiei. Cele patru etape sunt: prima etapă (până în 1999) a urmărit deprecierea cursului de schimb, alimentând astfel inflaţia (aceasta a fost uneori uriaşă, de 199,2% în 1991, 35,5% în 1992, 40,6% în 1998 şi 55% în 1999); a doua etapă, adică începând cu anul 2000, s-a urmărit aprecierea reală a cursului de schimb, ajungându-se la o diminuare a inflaţiei (în anul 2001, inflaţia scăzuse la 30,3%); a treia etapă, respectiv anul 2004, Banca Naţională a României se s-a concentrat exclusiv asupra nivelului inflaţiei care a fost de 9,3%; a patra etapă presupune trecerea la moneda euro.

Strategia monetară a Băncii Naţionale a României în vederea trecerii viitoare la moneda unică europeană a presupus următoarele realizări: armonizarea legislaţiei bancare din România cu cea din Uniunea Europeană, modernizarea sistemului de evidenţă bancară, modificări operaţionale în cadrul băncilor.

Euro este urmarea firească a constituirii, la nivelul Europei Unite, a uniunii economice şi monetare. Succesul său este dovedit şi prin faptul că state care nu sunt membre ale Uniunii Europene au ales ca monedă oficială euro: Andora, Islanda, Lichtenstein, Monaco, San Marino, Vatican, Muntenegru, Kosovo.

Întrunirea cumulativă a criteriilor de convergenţă nominală şi reală, stabilite prin *Tratatul de la Maastricht*, ori instituite la iniţiativa Comisiei Europene şi a Băncii Centrale Europene, fac posibilă, pentru orice stat membru al Uniunii Europene, inserţia în zona euro.

Introducerea monedei euro, dacă sunt întrunite condiţiile de convergenţă este promotoare de avantaje economice, conducând la o creştere economică susţinută. Multitudinea acestor beneficii face ca eventualele dezavantaje să fie apreciate ca fiind minore.

8. PIEŢELE VALUTARE, PIEŢELE EUROVALUTARE ŞI PIEŢELE DERIVATE DE DEVIZE[71]

8.1. Pieţele valutare[72]

1. Aspecte introductive

Pieţele valutare reprezintă centrele sau locurile în care se confruntă cererea cu oferta de valută şi se stabileşte cursul de schimb.

Pieţele valutare sunt formate din băncile şi casele de schimb autorizate să vândă şi să cumpere valută.

Pieţele valutare au mărimi diferite în funcţie, de operaţiile pe care le realizează şi de localităţile în care sunt amplasate. Principalele pieţe valutare funcţionează la: Londra, New York, Tokyo, Frankfurt, Paris, Zurich.

Pieţele valutare mijlocesc accesul persoanelor juridice şi fizice la valuta necesară schimburilor economice internaţionale, deplasării în străinătate, oferă deţinătorilor de valută cadrul de piaţă pentru a fi vândută, iar din confruntarea cererii şi ofertei de valută rezultă cursul de schimb.

Pieţele valutare se individualizează în cadrul pieţelor financiare prin faptul că este delocalizată, lichidă şi globală, deoarece funcţionează neîntrerupt 24 de ore.

Pe pieţele valutare participă:

Băncile comerciale intervin pe piaţa valutară sub forma vânzărilor şi cumpărărilor de valută pentru contul propriu sau

---

[71] Capitol preluat din NC Anitei. RL Lazăr. Drept bancar si valutar, Editura Universul Juridic, Bucuresti, 2011,pp.204-216.

[72] Voinea Gh., *Mecanisme financiare internaţionale.*, Ediţia a-III-a revăzută, Editura Sedcom Libris, Iaşi, 2004. pp. 87 –92.

pentru contul clienţilor, intermediază operaţiunile de transformare a valutelor. Realizează operaţii de arbitraj şi speculative în vederea obţinerii unor câştiguri. Băncile comerciale pot îndeplini rolul de MARKET MAKER, de formator de piaţă şi de susţinere a lichidităţii;

Curtierii de schimb sunt intermediari care centralizează ordinele de cumpărare şi vânzare, asigură executarea lor conform cerinţelor clienţilor şi furnizează informaţii asupra evoluţiei cursurilor de schimb;

Băncile centrale intervin pe piaţa valutară în vederea limitării fluctuaţiei cursului, a protejării monedei naţionale, precum şi pentru satisfacerea unor ordine a clienţilor. Banca centrală reglementează organizarea pieţei valutare şi supraveghează funcţionarea acesteia în ţară;

Societăţile comerciale care realizează importuri şi exporturi adresează ordine de cumpărare şi vânzare de valută prin intermediari de pe piaţa valutară.

2. Cotaţia pe piaţa valutară

Cotaţia reprezintă tehnica de stabilire a cursului de pe piaţa valutară.

Cotaţia se prezintă sub forma a două variante:

- *Cotaţia directă (incertă, nesigură)* prin care se reflectă suma variabilă în monedă naţională ce trebuie plătită pentru obţinerea unei unităţi sau a 100 de unităţi monetare străine;
- *Cotaţia indirectă (certă, sigură)* exprimă suma variabilă în moneda străină ce se plăteşte pentru obţinerea unei unităţi monetare naţionale.

3. Operaţiile efectuate pe piaţa valutară

Pe pieţele valutare se efectuează următoarele tipuri de operaţii:

Operaţiile la vedere (piaţa la vedere *marché spot*) constau în cumpărarea sau vânzarea de sume în valută cu cedarea imediată sau la cel mult 48 de ore a valutei. Cursul de pe piaţă la vedere rezultă din confruntarea cererii şi ofertei, a influenţelor exercitate de alte operaţiuni efectuate pe piaţă şi în funcţie de operaţiile valutare de pe alte pieţe. Tranzacţiile cu valută la vedere se realizează la cursul SPOT. Pe piaţa valutară la vedere se stabilesc cursuri pentru operaţiunile de cumpărare şi cursuri pentru operaţiunile de vânzare. Diferenţa dintre cursul de vânzare şi cel de cumpărare al unei valute pe piaţa la vedere este cunoscută sub denumirea de SPREAD;

Operaţiile la termen (piaţa la termen forwad market) reflectă tranzacţiile de cumpărare sau vânzare de valută ce se realizează pe baza predării sumelor la un termen viitor şi la un curs determinat;

Operaţiunile de arbitraj reprezintă o operaţie care constă în vânzarea şi cumpărarea de valută, uneori simultan de pe pieţele valutare în vederea protejării împotriva fluctuaţiei cursurilor valutare, precum şi pentru obţinerea unor câştiguri. Operaţiile de arbitraj valutar asigură câştiguri din: diferenţele de curs la aceeaşi valută pe o piaţă la două momente diferite, din diferenţele de curs ale unei valute pe două pieţe diferite şi din diferenţele de curs între două valute şi două pieţe diferite. Arbitrajul valutar poate fi:

Direct constă în vânzarea unei sume în valută pe piaţa care cotează mai bine şi cumpărarea în acelaşi timp a unei sume în aceeaşi valută pe piaţa pe care cotează mai slab;

La termen se deosebeşte în funcţie de pieţele pe care se realizează tranzacţiile cu valută de către bănci. Arbitrajul la termen pe o singură piaţă urmăreşte obţinerea unui câştig din diferența de curs al valutei pe aceeași piață la două momente diferite. Arbitrajul la termen pe două piețe urmărește valorificarea diferențelor la cursul la termen al unei valute de pe două piețe;

Operațiunile speculative reprezintă intervenția unui operator pe piața valutară în vederea realizării unui câștig din diferențele de curs ale valutelor. Speculația valutară poate fi:

Speculația activă la vedere se practică în cazul în care o valută X se află în depreciere. Astfel, de exemplu: Operatorul împrumută o sumă în valuta X la o anumită scadență pe care o folosește pentru cumpărarea unei sume echivalente în valuta Y care este mai stabilă. La termenul de rambursare a împrumutului în valuta X operatorul vinde suma în valuta Y pentru care obține o sumă mai mare în valuta X, rambursează âmprumutul și rămâne cu o diferență;

Speculația activă la termen se realizează pentru a beneficia de diferențele dintre cursul la termen și cursul la vedere. Dacă se estimează faptul că la un anumit termen, cursul valutei X față de valuta Y va fi mai bun decât cursul la vedere, operatorul cumpără o sumă în valuta X la termen, în schimbul unei sume în valuta Y.la termen operatorul vinde suma în valuta X pentru care obține o sumă mai mare în valuta Y;

Speculația pasivă la vedere sau la termen se practică pe piețele valutare în vederea prevenirii și gestionării efectelor negative ale riscului valutar. Dacă un importator are de achitat o sumă în valuta X peste 3 luni și se estimează o apreciere, aceasta cumpără la termen o sumă în valuta X pentru care plătește o sumă în valuta Y la un curs mai avantajos;

Operațiunile de Swap reprezintă îmbinarea a două operațiuni valutare simultane și opuse, una de vânzare și alta de cumpărare la două scadențe diferite;

Operațiunile speciale de acoperire la termen (hedging valutar) îi conferă certitudinea exportatorului că suma în valuta pe care o va încasa de la importator după primirea şi recepţionarea mărfurilor este egală cu suma necesară achitării obligaţiei valutare contractate la termen. Operaţiunea de hedging îi permite operatorului să-şi procure o sumă într-o altă valută echivalentă cu suma pe care o încasează din creanţele de export la scadenţă. Aceste operaţiuni îi protejează pe exportatori împotriva efectelor negative ale cursului de schimb în cazul în care nu au prevăzut în contracte clauze de atenuare a riscului valutar.

8.2. Pieţele eurovalutare[73]

1. Noţiuni introductive

Piaţa eurovalutelor deţine un rol important în formarea şi redistribuirea resurselor în eurovalute necesare tranzacţiilor comerciale internaţionale. Aceasta s-a format în anul 1957, respectiv, din momentul apariţiei şi afirmării eurovalutelor în relaţiile financiare internaţionale.

Eurovalutele reprezintă depuneri în valută în conturi la bănci comerciale din afara ţării emitente.

Piaţa eurovalutelor reprezintă un segment al pieţelor internaţionale pe care se efectuează depuneri bancare şi se acordă credite pe termen scurt sau mediu în eurovalute.

Operaţiile de mobilizare şi de distribuire pe termen scurt şi mediu a resurselor în eurovalute de pe piaţa eurovalutelor se realizează prin intermediul băncilor comerciale din străinătate denumite eurobănci.

Resursele pieţelor valutelor se realizează pe următoarele căi:

- împrumuturi de la bănci din ţara de origine a valutei, contractate de bănci şi societăţi comerciale din străinătate;

---

[73] Voinea Gh., *op.cit.*, pp. 115-118.

- disponibilităţi în valută transferate de băncile comerciale din unele ţări către filialele din străinătate;
- disponibilităţi în valută din exporturile de mărfuri şi servicii care se prestează la bănci comerciale din străinătate;
- depuneri în valută ale persoanelor rezidente la bănci comerciale, din străinătate, datorită deficitului balanţei de plăţi;
- depunerile economiilor personale în moneda naţională sau valută la bănci comerciale din străinătate;
- plasamentele rezervelor de valută ale băncilor centrale şi ale organismelor monetare oficiale la băncile comerciale din străinătate.

2. Operaţiile de formare a depozitelor în eurovalute şi de creditare

Pe piaţa eurovalutelor se efectuează următoarele tipuri de operaţiuni:
- Operaţii de depozit care constau în atragerea unor sume în eurovalute în conturi şi păstrarea lor la băncile comerciale pe o anumită perioadă de timp;
- Operaţii de împrumut se acordă sub forma:
  - Liniilor de credit se aprobă împrumuturi într-o anumită mărime, la o rată a dobânzii şi care se utilizează în cadrul unei perioade determinate;
  - A creditelor revoling adică credite pe o durată mai mare de timp.

Împrumuturile ce se contractează pe piaţa eurovalutelor se diferenţiază în:
- Împrumuturi pentru depozite pe termen scurt;
- Împrumuturi pentru operaţii de comerţ internaţional pe termen scurt;
- Împrumuturi pentru îmbunătăţirea situaţiei financiare.

3. Piaţa creditului pe termen mijlociu în eurovalute (piaţa eurocreditelor)

Piaţa eurocreditelor se individualizează în cadrul pieţelor financiare internaţionale prin faptul că mijloceşte contractarea creditelor pe termen mediu, respectiv, 5-7 ani prin intermediul sindicatelor de bănci.

Eurocreditele reprezintă împrumuturi pe termen mediu în eurovalute de mărmi ridicate ce se acordă:

- Guvernelor;
- Agenţiilor guvernamentale;
- Societăţilor multinaţionale;
- Autorităţilor locale.

Aceste credite se acordă la o dobândă variabilă.

Montajul unui eurocredit constă în elaborarea de către bancă a unui document cu privire la mărimea creditului, condiţiile de acordare şi modul de rambursare.

Rata dobânzii la eurocredite depinde de rata dobânzii la depozitele de eurodolari de pe piaţa Londrei (LIBOR) la care se adaugă anumite procente pentru a acoperi riscul băncilor participante. Rata dobânzii la depozitele de eurodolari de pe piaţa Londrei se modifică în funcţie de raportul dintre cererea şi oferta de eurovalute şi de proporţia riscului, iar marja suplimentară de dobândă are un nivel constant.

8.3. Pieţele dervivate de devize[74]

1. Aspecte introductive

Pieţele derivate de devize sunt acele pieţe unde intervenţiile şi cursul valutar se formează în funcţie de operaţiile de pe pieţele valutare la vedere şi la termen.

Pieţele derivate de devize sunt formate din:

---

[74] *Idem*, pp. 93-103.

- *Pieţele contractelor la termen (futures);*
- *Pieţele opţiunilor de devize.*

1. Pieţele contractelor la termen (futures)

Pieţele contractelor la termen (futures) s-au format în anul 1972 în cadrul departamentului International Money Market (IMM) din cadrul pieţei Chicago Mercantile Excahange (CME).

Pieţele contractelor la termen (futures) funcţionează în: Philadephia în cadrul Philadephia Board of Trade (PBOT), Londra pe London International Financial Exchange (LIFFE) , New York în New York Futures Exchange (NYFE), Tokyo pe Tokyo International Financial Exchange (TIFE), Singapore în Singapore International Monetary Exchange (SIMEX), Sidney pe Sidney Future Exchange (SFE) precum şi pe pieţele din Elveţia, Germania, Franţa, Australia, Italia, Danemarca. Canada, Suedia, Olanda, Luxemburg, Belgia, Spania şi Portugalia.

Pieţele contractelor la termen (futures) participă:

- Băncile şi instituţiile care utilizează contractele *futures* în operaţiunile lor;
- Firmele de curtaj care acţionează în numele clienţilor;
- Brokerii care participă în nume propriu sau pentru clienţii cumpărători şi vânzători de contracte *futures;*
- Speculatorii care operează cu orizonturi apropriate şi termene scurte.

Contractele la termen de devize exprimă angajamentul de a preda sau de a primi o anumită sumă în valută la o dată menţionată şi la un preţ stabilit în momentul încheierii.

Contractele la termen de devize prezintă următoarele trăsături:

- Contractele au o mărime standardizată (lire sterline 62.5000, dolari la bancă canadieni 100.000);

- Contractele se negociază și se încheie la termene fixe: martie, iunie, septembrie, decembrie pentru durate de doi ani ceea ce înseamnă cotații la opt termene;
- Devizele care se negociază sunt: dolarul S.U.A., euro, yenul japonez, lira sterlină, francul elvețian, dolarul canadian și dolarul australian;
- Fluctuația minimă a valorii contractului este cuprinsă între 10-12,5 dolari S.U.A. pe contract;
- Nu presupun luarea efectivă a valutei, deoarece la scadență se realizează operațiuni inverse în vederea protejării împotriva riscului valutar și a obținerii unui câștig.

Prețul contractelor la termen în devize se formează în corelație cu raportul de schimb de pe piața valutară la vedere. Diferența dintre cursul valutar SPOT și cursul pe piața contractelor la termen de devize este cunoscută sub denumirea de *bază*.

Participanții pe piețele *contractelor la termen (futures)*, adresează ordine de cumpărare sau de vânzare de valută la anumite termene prin intermediul brokerilor sau curtierilor agreați de organismele de supraveghere a burselor. Brokerii sau curtierii negociază tranzacțiile de vânzare sau de cumpărae în numele clienților și conform ordinelor primite. La scadență se determină efectele operațiunilor de pe piață și se reglează diferențele prin intermediul camerilor de compensație.

Ordinele de cumpărare sau de vânzare de valută de pe *piețele contractelor la termen (futures)* se pot formula în două variante:

1. Ordinul la curs limită, conform căruia clientul îi menționează brokerului un curs la care se va executa operația executivă;
2. Ordinul la prețul pieței.

Cotațiile de pe p*iețele contractelor la termen (futures)* se realizează prin licitații din care rezultă cursurile de dechidere, cursurile cele mai ridicate, cursurile cele mai scăzute și cursurile de închidere.

Pentru a putea participa pe *piețele contractelor la termen (futures)*, operatorii depun o garanție inițială care depinde de valoarea contractului, de volatilitatea valutei, precum și garanții suplimentare, în funcție de evoluția cursurilor de pe piață.

Camerile de compensație au misiunea să regleze raporturile dintre participanții la contracte de pe această piață, respectiv, să calculeze diferențele ce rezultă din intervențiile efectuate.

Părțile la *contractele la termen (futures)* își încheie pozițiile inițiale la scadența contractului prin poziții inverse astfel, la termen cumpărătorii de contracte de pe această piață le revând, iar vânzătorii de contracte răscumpără valoarea acestora.

2.Piețele opțiunilor de devize

Piețele opțiunilor de devize sunt menite să ofere instrumente de operații pentru protejarea riscurilor din schimburile comerciale internaționale.

Piețele opțiunilor de devize funcționează în S.U.A., Japonia, Marea Britanie, Singapore, elveția, Germania, franța, Canada, Australia, Danemarca, Suedia, Belgia, Luxemburg, Italia, Spania, Olanda, Portugalia.

Piețele opțiunilor de devize sunt formate din următoarele componente:

- *Piața en détail* la care participă clienții care cumpără sau vând contracte de opțiuni pentru a se proteja de efectele riscurilor din relațiile economice internaționale;
- *Piața en gross* la care acționează băncile comerciale și băncile de investiții care urmăresc întărirea pozițiilor clienților și preluarea unor poziții speculative.

Contractele de opțiuni de devize în funcție de modul de negociere pot fi:

- Contracte de opţiuni negociate pe pieţele interbancare cxare se deosebesc prin faptul că se schimbă pe bază de înţelegere între bănci şi întreprinderi;
- Contracte de opţiuni standardizate care se negoiază pe pieţe şi diferenţele se decontează prin camerele de compensaţie.

Opţiunile europene se pot exercita la scadenţă, iar opţiunile americane asigură dreptul de exercitare pe durata valabilităţii contractului.

Pe *pieţele opţiunilor de devize* participă exportatori, importatori, bănci care se protejează împotriva riscului valutar, investitori internaţionali care doresc să-şi garanteze portofoliile.

Contractul de opţiune este acordul de voinţă realizat între două părţi, cumpărătorul cxare are dreptul – dar nu şi obligaţia – să cumpere (opţiune de cumpărare) sau să vândă (opţiune de vânzare), în schimbul unei prime o sumă determinată într-o anumită valută, la un preţ convenit, în cadrul unei perioade de timp definite (americană) sau la o perioadă determinată europeană.

Contractul de opţiune prezintă următoarele caracteristici:

- Prevede vânzarea sau cumpărarea unei sume într-o anumită valută;
- Cumpărătorul unei opţiuni dobândeşte dreptul de a cumpăra (opţiunea de cumpărare sau de vânzare) nu şi obligaţia, a unei sume în valută la scadenţă, la un anumit curs, în schimbul plăţii unei prime;
- Vânzătorul unei opţiuni are obligaţia de a preda suma în valută la scadenţă la un anumit curs;
- Valoarea contractului de opţiuni diferă în funcţie de pieţele pe care se negociază opţiunile de devize;

- Devizele ce se vând sau cumpără pe peţele opţiunilor sunt reprezentate de valutele ce se negociază pe pieţele valutare la vedere sau la termen;
- Preţul de exercitare sau cursul la care se vând sau cumpără devizele se stabileşte de cele două părţi ale contractului de opţiune;
- Preţul de opţiune denumit *prima* reprezintă suma ce se plăteşte de cumpărător celeilalte părţi din contract pentru dreptul renunţării la opţiune. Prima revine vânzătorului care se angajează să accepte decizia cumpărătorului;
- Durata unei opţiuni este limitată prin contract, devizele fiind cotate după data exerciţiului;
- Opţiunile pot fi revândute sau răscumpărate şi astfel părţile din contract se pot elibera de obligaţii saupot pierde dreptul din contractul respectiv;
- Opţiunea se stinge în momentul în care se exercită sau este abandonată.

Opţiunea de cumpărare – CALL asigură dreptul cumprătorului să-şi exercite opţiunea la scadenţă, respectiv, să primească o sumă în valută la un curs determinat sau să renunţe la cumpărare în schimbul plăţii unei prime.

Opţiunea de vânzare - PUT permite cumprătorului să predea o sumă în valută la o anumită scadenţă şi la un anumit curs, conform contractului.

Exportatorii care urmează să încaseze sume în valută din exporturi la anumite termene cumpără opţiuni de vânzare pentru a se proteja împotriva riscului valuar.

Importatorii care urmează să plătească sume în valută pentru mărfurile cumpărate contractează opţiuni de cumpărare pentru a se proteja împotriva riscului valuar.

BIBLIOGRAFIE SELECTIVĂ

Tratate, cursuri şi monografii

Amariţei, Ştefan. Finanţe generale, Editura Junimea, Iaşi, 2002.

Aniţei, Nadia-Cerasela. Instituţii financiare internaţionale, Editura Lumen, Iaşi, 2011.

Aniţei, Nadia-Cerasela. Lazăr Roxana Elena. Drept bancar şi valutar, Editura Universul Juridic, Bucureşti, 2011.

Apostol Tofan Dana. Instituţii administrative europene, Editura CH Beck, Bucuresti, 2006.

Baldwin, Richard, Wzplosz, Charles. Economia integrării europene, Editura Economică, Bucureşti, 2006

Bălan, Emil. Drept financiar, Ediţia 3, Editura All Beck, Bucureşti, 2004.

Bistriceanu, Gheorghe. Ana, Gheorghe. Finanţe, Editura Didactică şi Pedagogică, Bucureşti, 1995.

Benec, Mincu, Maricica. Politici ale cursului de schimb în România, Editura Institutului de Ştiinţe politice şi relaţii internaţionale, Bucureşti, 2009

Bostan, Ionel, Drept financiar comunitar, Editura Universitas, Iaşi, 2004.

Bostan, Ionel. Drept financiar şi fiscalitate (elemente de teorie şi practică autohtonă), Editura Media-Tech, Iaşi, 1999.

Cocriş, Vasile. Monedă, credit şi bănci. Suport de curs, Iaşi, 2003.

Condor, Ioan. Drept financiar, Editura Regia Autonomă "Monitorul Oficial", Bucureşti, 1994.

Condor, Ioan. şi Condor, Cristea, Silvia. Drept vamal şi fiscal, Editura Lumina Lex, Bucureşti, 2002.

Corduneanu, Constantin. Sistemul fiscal în ştiinţa finanţelor, Editura Codecs, Bucureşti, 1998.

Dragan, Gabriela. Uniunea Europeana intre federalism şi interguvernamentalism. Politici comune ale UE ", Editura Lumina Lex, 2004.

Diaconu, Nicoleta. Sistemul institutional al Uniunii Europene, Editura Lumina Lex, București, 2001.

Diaconu, Radu. Insituțiile financiare nebancare, Editura C.H. Bucuresti, 2012.

Maurice, Duverger. Finances publiques, PUF, Paris, 1978.

Fuerea Augustin. Manualul Uniunii Europene, editia a-III-a revazuta si adaugita, Editura Universul juridic, 2008.

Ferreol, Gilles. Dicționarul Uniunii Europene, Editura Polirom, Iasi, 2002

Filip, Gheorghe. (et col.), Finanțele, Editura Sedcom Libris, Iași, 2001.

Florescu, A., P., Dumitru. Coman, Paul. Bălașa, Gabriel. Fiscalitatea în România, Editura All Beck, București, 2005.

Ignat, Ion. Uniunea Economica si Monetara Europeana, Editura All Beck,Bucuresti 2005

Jinga, Ion. Andrei Popescu - Integrarea Europeana. Dictionar de termeni comunitari, Consiliul legislativ, 2006.

Kirițescu, Costin, C., Dobrescu, Emilan, M. Băncile. Mică Enciclopedie, Editura Expert, București, 1998.

Lupu, Diana, Viorica. Blănaru, Constantin, Adrian. Monedă și Credit. Editura Sedcom Libris, Iași, 2006.

Lefter, Cornelia. Fundamente ale dreptului comunitar institutional, Editura Economica, 2003

Manolache, Octavian. Drept Comunitar, ediția a-III-a revizuită, EdituraAll-Beck, București, 2001

Mătușescu, Constanța.Construcția europeană.. Evoluția ideii de unitate europeană, Editura Bibliotheca, Târgoviște, 2007.

Mătușescu, Constanța.Drept instituțional al Uniunii Europene, Editura Pro Universitaria, București, 2013.

Militaru, Ion., Dreptul Uniunii Europene, Ed. Lumina Lex, Bucuresti, 2009.

Munteanu, Roxana. Drept European-evoluţie, instituţii şi ordine juridică, Editura Oscar Print, Bucureşti, 1996.

Motica, I.,Radu. Bercea, Lucian. Drept comercial român şi drept bancar, vol. II, Editura Lumina Lex, Bucureşti, 2001.

Minea, Mircea, Ştefan. Elemente de drept financiar internaţional, Editura Accent, Cluj Napoca,2001.

Minea, Ştefan, Mircea. Chiriac, Lucian, Teodor. Costaş, Flavius, Cosmin. Dreptul finanţelor publice, Editura Accent, Cluj Napoca, 2005.

Minea, Ştefan, Mircea. Costaş, Flavius, Cosmin. Dreptul finanţelor publice. Dreptul financiar, vol. I, Editura Sfera Juridica, Cluj-Napoca, 2006.

Minea, Ştefan, Mircea. Costaş, Flavius, Cosmin. Dreptul finanţelor publice. Drept fiscal, vol. II, Editura Wolters Kiuwer, Bucureşti, 2008.

Munday, C., R., Stephen. Idei de avangardă în economie, Editura Codecs, Bucureşti, 1999.

Obreja, Carmen. Cursul de schimb şi piaţa valutară, Editura Universitară, Bucureşti, 2008.

Olcescu, Paul. Toma, Toader. Drept financiar şi fiscal, Editura Cantes, Iaşi, 2000.

Predescu Bogdan. Drept comunitar – evolutie istorica, sistem institutional si juridic, Editura Europa, Bucuresti.

Popa, D., Constantin. Moca - Fanu, Adrian. Drept financiar, Editura Lumina Lex, Bucureşti, 2003.

Postolache, Rada. Drept bancar, Editura C.H. Bucuresti, 2012.

Postolache, Rada. Drept financiar, Editura C.H. Bucuresti, 2009.

Rădulescu, Magdalena, Popescu, Luigi. Băncile centrale şi politica monetară, Editura Sitech, Craiova, 2008.

T. Stolojan, R. Tatarcan, Integrarea şi politica fiscală europeană, Editura Infomarket, Braşov, 2002.

Drosu-Șaguna, Dan, Drept financiar și fiscal, Editura AII, București, 2003.

Șaguna, Drosu, Dan. Drept bancar și valutar, Editura Proarcadia, București, 1994.

Șaguna, Drosu, Dan. Tratat de drept financiar și fiscal, Editura All Beck, București, 2001.

Șaguna, Drosu, Dan., Rațiu, Monica, Amalia. Drept bancar, Editura C.H. Beck, București, 2007.

Șaguna, Drosu, Dan. Șova, Coman, Dan. Drept fiscal, Ediția 2, Editura C.H. Beck, București, 2008.

Tillotson J., European Community Law (text, cases ad materials), 2-nd, Cavendish Publishing Limited, London, 1996

Tofan, Mihaela. Integrarea României în structurile Uniunii Monetare Europene, Editura C.H. Beck, București, 2008

Turcu, Ion. Operațiuni și contracte bancare. Tratat de drept bancar, vol. I-II, Ediția a V-a actualizată și completată, Editura Lumina Lex, București, 2004.

Trotabas L., Cortenet J.M., Finances publiques, (quatrième édition) Dalloz, 1981.

Voinea, M., Gheorghe. Mecanisme și tehnici valutare financiare internaționale, Ediția a-III-a revăzută, Editura Sedcom Libris, Iași, 2004.

Văcărel, Iulian, (et col.), Finanțe publice, Editura Didactică si Pedagogică, București, 1999.

Vătăman, dan. Institutiile Uniunii Europene, Editura Universul Juridic, Bucuresti, 2011.

Whitehead, Geoffrey, Economia, Editura Sedona, Timișoara, 1997.

Whitehead, Geoffrey. European TaxHand book, IBD, publication, 1998.

Alte cursuri

European Court of Auditors, Audit of accounts procedure, Ed. Curia Rationum, Luxemburg, 2010

European Court of Auditors, Community institutions, bodies, agencies, Ed. Curia Rationum, Luxemburg, 2009

Office for Official Publication of the European Communities, Court of Auditors of European Communities, Ed. Curia Rationum, Luxemburg, 1988

Articole din reviste de specialitate

Arnold D.F., Bernardy R., Auditor Perspectives on Confidentiality: A Qualitative Investigation examining the Differences in European Auditors' Opinions , disponibil la http://papers.ssrn.com/sol3/papers.cfm?abstract_id=1095106

Ojo M., The Role of External Auditors and International Accounting Bodies in Financial Regulation and Supervision, disponibil la http://papers.ssrn.com/sol3/papers.cfm?abstract_id=1407225

Sucher P., Auditor Independence, disponibil la http://papers.ssrn.com/sol3/papers.cfm?abstract_id=293788

Acte normative

Traratul privind Uniunea Europeană RO C 326/24 Jurnalul Oficial al Uniunii Europene 26.10.2012

Tratatul privind funcţionarea Uniunii Europene - RO C 326/24 Jurnalul Oficial al Uniunii Europene 26.10.2012.

Protocolul (NR. 4) privind *Statutul Sistemului European al Băncilor Centrale şi al Băncii Centrale Europene* - RO C 326/24 Jurnalul Oficial al Uniunii Europene 26.10.2012.

Protocolul (NR. 5) privind *Statutul Băncii Europene de Investiţii* -. RO C 326/24 Jurnalul Oficial al Uniunii Europene 26.10.2012.

Site-uri

http://eur-lex.europa.eu/en/treaties/index.htm
http://eur-lex.europa.eu/en/treaties/treaties_founding.htm;
www.eca.eu.int
http://www.europebanks.info/centralbanks.htm
http://www.bursaasigurarilor.ro/Institutii_financiar_nebancare.html
http://www.bnro.ro/Reglementari-ale-pietei-monetare--2104.aspx
http://www.inm-lex.ro/fisiere/pag_34/det_415/1380.doc
http://www.raiffeisen.ro/servicii-bancare-personalizate
http://www.bnr.ro/Centrala-Incidentelor-de-Plati-(CIP)-718.aspx
http://www.bnr.ro/Centrala-Riscurilor-Bancare-(CRB)--2107.aspx
http://www.ecb.int/ecb/educational/facts/euint/html/ei_010.ro.html
http://www.ghiseulbancar.ro/articole/53/4633/tot_articolul_Programul_de_convergenta_al.htm
www.infoeuropa.ro

EDITURA LUMEN

Str. Ţepeş Vodă, nr.2, Iaşi

www.edituralumen.ro
www.librariavirtuala.ro

Printed in EU

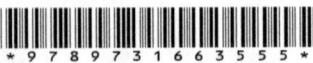